Michael Gaiser

...so wird meine Seele gesund

Michael Gaiser

...so wird meine Seele gesund

Predigten aus der Apotheke

Fromm Verlag

Impressum/Imprint (nur für Deutschland/ only for Germany)
Bibliografische Information der Deutschen Nationalbibliothek: Die Deutsche Nationalbibliothek verzeichnet diese Publikation in der Deutschen Nationalbibliografie; detaillierte bibliografische Daten sind im Internet über http://dnb.d-nb.de abrufbar.

Coverbild: www.ingimage.com

Contact:
International Book Market Service Ltd., 17 Rue Meldrum, Beau Bassin, 1713-01 Mauritius
Website: www.bookmarketservice.com
Email: info@bookmarketservice.com

Gedruckt in: USA, UK, Deutschland. Dieses Buch wurde nicht in Mauritius produziert.

Imprint (only for USA, GB)
Bibliographic information published by the Deutsche Nationalbibliothek: The Deutsche Nationalbibliothek lists this publication in the Deutsche Nationalbibliografie; detailed bibliographic data are available in the Internet at http://dnb.d-nb.de.

Cover image: www.ingimage.com

Contact:
International Book Market Service Ltd., 17 Rue Meldrum, Beau Bassin, 1713-01 Mauritius
Website: www.bookmarketservice.com
Email: info@bookmarketservice.com

Printed in: U.S.A., U.K., Germany. This book was not produced in Mauritius.

ISBN: 978-3-8416-0090-5

Inhaltsverzeichnis

Meinen lieben Eltern gewidmet,
die, wie sie selbst sagen,
mich nicht erzogen, sondern
„einfach mit mir gelebt“
haben.

Wie viel ich ihnen verdanke,
konnte ich bis heute
nicht annähernd
ausloten.

Vorwort

Beim Vorbereiten meiner Predigten machte ich immer wieder die Erfahrung, dass ich zuerst einmal „mir selbst“ predigte. Das heißt, dass ich nicht lediglich Dinge zusammenfasste und weitergab, die mir selbst längst klar waren, sondern dass ich jedes Mal auf eine Entdeckungsreise geführt wurde, die meinen Glauben bunter und mich selbst reicher machte.

Die Beschäftigung mit den biblischen Texten war zwar mitunter (heraus)fordernd und dementsprechend anstrengend, der persönliche Gewinn überwog dabei aber die Mühen stets bei weitem.

Als ehrenamtlich Tätiger genieße ich den Luxus, einen Text lange wirken lassen, „mit der Predigt über mehrere Wochen schwanger gehen“ zu können, wie es eine Kollegin auf einem Seminar so treffend nannte.

Natürlich bin ich nicht nur Verfasser, sondern in viel höherem Maß auch Hörer von Predigten. Auf ca. fünf bis zehn geschriebene Predigten pro Jahr kommen gut 40 gehörte und mindestens ebenso viele gelesene. Es ist also gut möglich, ja sogar höchst wahrscheinlich, dass in die hier vorliegenden Texte Gedanken eingeflossen sind, die vor mir schon andere gedacht, ausgesprochen oder niedergeschrieben haben.

Den Anspruch auf völlige Originalität kann und will ich deshalb schon nicht erheben, weil es mir unmöglich ist, in jedem Fall zu entscheiden: Was ist (unbewusst) erinnertes, was ist „eigenes“ Gedankengut.

Manches in den Predigten nimmt Bezug auf meine persönliche Situation in Arbeit, Familie und Gemeinde und ist daher äußerst subjektiv. Ich denke aber, dass gerade das eine gewisse Lebensnähe mit sich bringt, und dass eine Übertragbarkeit auf andere Lebensumstände in vielen Fällen gegeben ist.

Die Leser sind herzlich eingeladen, Fragliches zu korrigieren, Begonnenes weiterzudenken, Gelungenes zu übernehmen. Wenn das Ergebnis dann mit Gewinn gehört oder gelesen wird in dem Sinn, dass es der Verbreitung des Evangeliums dient, haben die hier veröffentlichten Texte ihren Zweck erfüllt.

Soweit es den Textfluss nicht stört, habe ich mich um eine Ausdrucksweise bemüht, die beiden Geschlechtern gerecht wird. Wo das nicht geschehen ist, bitte ich davon auszugehen, dass in jedem Fall Frauen und Männer, Schwestern und Brüder in gleichwertiger Weise gemeint und angesprochen sind.

Bad Schallerbach, im April 2011

Genesis 1,1-4a;26-31a; 2,1-4a

Sonntag Jubilate

17. April 2007

Ev. Kirche Wallern/Oberösterreich

Liebe Gemeinde!

In alten Zeiten kam es vor, dass der König, wenn er einen Menschen besonders auszeichnen und ehren wollte, ihm seinen Siegelring gab. Dabei handelte es sich nicht nur um ein einzigartiges und wertvolles Schmuckstück, sondern auch um einen großen Vertrauensbeweis. Mit diesem Siegelring konnte der Geehrte nämlich im Namen des Königs Gesetze erlassen, Verträge abschließen, rechtskräftige Urteile fällen und vieles mehr.

Im Buch Esther im ersten Testament der Bibel wird übrigens auf ganz spannende Weise berichtet, wie ein solcher Siegelring den Besitzer wechselt. Ich empfehle sehr, dort einmal nachzulesen.

Und selbst wenn so ein Siegelring, wie es gelegentlich auch geschah, nur rein symbolisch übergeben wurde, so stand dahinter doch eine klare Aussage von Seiten des Königs:

Ich schätze dich, war da etwa unausgesprochen zu hören. Du bist mir wichtig. Du hast für mich eine besondere Würde.

Heute gibt es im Bereich der Wirtschaft etwas ähnliches: Die Prokura. Wer die Prokura hat, ist zeichnungsberechtigt. Er oder sie kann an Stelle des Chefs gültige Unterschriften leisten. Der Chef hat ihm oder ihr große Vollmachten gegeben. Das ist ein Ausdruck des Vertrauens, der Wertschätzung, der Würdigung

Zwei große Auszeichnungen sind das, von denen wir da soeben gehört haben: Der königliche Siegelring, die Prokura. Auszeichnungen, die nicht jedem zu Teil werden. Auszeichnungen, über die man sich freuen kann. Auszeichnungen, um die man mit Recht beneidet wird.

Und jetzt, liebe Gemeinde, stellen Sie sich bitte folgendes vor: Sie bekommen Post. Einen eingeschriebenen Brief. Der Absender ist der größte König der Geschichte. Ein Herrscher, vor dessen Macht alle Präsidenten, alle Kaiser und Könige, alle Diktatoren und Tyrannen zu bedeutungslosen Zwergen werden. Der Absender ist zugleich auch der größte und erfolgreichste Unternehmer aller Zeiten. Ein Chef, neben dem Bill Gates, Frank Stronach oder Dieter Mateschitz bestenfalls als kleine Vorstadt-Greißler erscheinen. Dieser König und Chef schreibt Ihnen ganz persönlich einen Brief. Einen dicken Brief.
Sie öffnen diesen Brief und Sie sind sprachlos vor Staunen:
Er, der König, sendet Ihnen seinen Siegelring.
Er, der Chef, macht Sie zu seinem Prokuristen, zu seiner Prokuristin.

Üblicherweise werden solche Auszeichnungen ja an Menschen vergeben, die sich in der Vergangenheit durch besonderen Einsatz oder außerordentlich erfolgreiche Ideen hervorgetan haben. Schließlich gibt man ja sein Reich oder seine Firma nicht in die Hände eines beliebigen dahergelaufenen Menschen.

Das Besondere an Ihrer Auszeichnung: Sie ist an keine Vorleistung gebunden. Diese Ehre, diese Würde, wird Ihnen einfach so zuteil.

Bestimmt haben Sie längst erraten, wer der König und Chef aus meiner Beispielsgeschichte ist. Es ist Gott selbst. Der Allmächtige, der Schöpfer

des Himmels und der Erde. Und der Brief, von dem gerade die Rede war, ist unser heutiger Predigttext.
Gott ist der Absender, und er ist es, der Ihnen und mir eine Würde zuspricht, die an keine Bedingungen geknüpft ist. Das ist das Besondere an Gottes Umgang mit uns Menschen.

Freilich kennen auch verschiedene Philosophien, die ohne Gott auskommen wollen, so etwas wie eine Menschenwürde. Doch die gründet sich in der Regel auf das, was den Menschen vom Tier unterscheidet: Seinen aufrechten Gang etwa, seine Sprache oder sein Denken. Diese Eigenschaften und Fähigkeiten zeichnen den Menschen aus und sie begründen seinen besonderen Wert, seine einzigartige Würde.
Was aber, wenn – aus welchen Gründen auch immer - diese Merkmale nicht mehr so klar erkennbar sind?
Was, wenn Schicksalsschläge mir das Rückgrat gebeugt oder Ängste meinen Schritt gelähmt haben?
Was, wenn ein Schlaganfall mein Sprachzentrum lahmgelegt oder Enttäuschungen mich zum Verstummen gebracht haben?
Was, wenn ein Unfall, eine Behinderung oder eine psychische Erkrankung meine Gedanken verlangsamt, verwirrt oder verbogen haben?
Was, wenn ich weder aufrecht gehen, noch sprechen oder denken kann, weil ich noch nicht geboren bin oder als pflegebedürftiger sogenannter „Fall“ im Sterben liege?
Worauf gründet sich dann meine Würde? Was schützt mich dann vor der Willkür derer, die für mich entscheiden möchten, was lebenswert ist und was nicht?

Wie wohltuend unterscheidet sich das Menschenbild der Bibel hier von der Leistungs-Ideologie und dem Nützlichkeitswahn der aktuellen Maßstäbe.

Das Buch der Bücher, der Brief Gottes an dich und mich, sagt nämlich:
Du, der du das Tempo dieser Zeit nicht mehr halten kannst,
du, die du so schwer lernst,
du, der du deinen Ängsten nicht entfliehen kannst,
du, die du dich kaputt arbeitest und nicht herauskommst aus deinem Hamsterrad,
du, der du mit deinem Leben nicht klar kommst,
du mit dem zerbrochenen Herzen,
du Sprachloser, du Verwirrter,
du Mutlose, Traurige,
ihr Mobbing-Opfer,
ihr, die ihr als Minderleister und Schmarotzer abgestempelt werdet,
denen Talente und Mitspracherecht streitig gemacht werden -
ihr alle, mit euren unerfüllten Sehnsüchten:
Ihr seid meine Ebenbilder. In euch kann jeder, der dazu bereit ist, mich erkennen und mir begegnen.

Ihr habt eure Würde von mir, nicht von Mode-Magazinen, nicht von Marathon-Ergebnissen, nicht von der Liste der 1000 wichtigsten Österreicher in irgendeinem bunten Heftchen, nicht von eurem Lohnzettel und nicht von dem Kauderwelsch an Buchstaben, die ihr vor eure Namen schreibt.
Ihr habt eure Würde, euren Wert von mir. Und das steht nicht zur Diskussion, ist nicht verhandelbar. Ihr habt euren Wert von mir, wie ihr euer Leben von mir habt.

Deshalb, so schreibt uns Gott in seinem Brief, deshalb haben bei mir nicht nur die Großen das Sagen, sondern gerade auch ihr.
Ihr seid mir willkommen als Mitarbeiter und Mitarbeiterinnen.
Ihr braucht euch nicht zu verstecken.
Ihr habt ein Recht darauf, mitzureden, mitzugestalten, die Dinge beim Namen zu nennen.

Jedem von uns gilt ausnahmslos: Deine Sehnsucht soll nicht ins Leere gehen. Denn die Sehnsucht, die dich treibt, ist die Sehnsucht nach mir, und die gleiche Sehnsucht habe ich nach dir. Natürlich bist du nicht allmächtig. Aber darin sind wir uns ähnlich, darin entsprechen wir einander, dass wir uns nacheinander sehnen. Du nach mir. Ich nach dir. Komm zu mir, lass dich nicht mit weniger abspeisen.
Lass dir nicht einreden, die Eigentumswohnung, die Urlaubsreise, die Karriere würden deine Sehnsucht stillen. Das sind lauter minderwertige Ersatzprodukte. Schön, aber nicht entscheidend wichtig. Ganz nett, aber bei weitem nicht alles. Du bist mir viel mehr wert. Mein ganzes Verlangen gilt dir.
Du bist mein Ebenbild, das Gegenüber, das ich über alles liebe.

Das steht in Gottes Brief an dich und mich. So wertvoll ist jeder einzelne von uns. Ist das nicht großartig, so einen Brief zu bekommen? Ihr seid die Träger meines Siegelringes. Ihr seid meine Prokuristen und Prokuristinnen. Das sagt uns der heutige Predigttext.

Und noch zwei Dinge sagt er uns:

Zum einen über Gott:

Ich lese: Und Gott sprach: Es werde Licht, und es ward Licht. Und Gott sah, dass es gut war. Daraus entnehme ich:
Was Gott sagt, geschieht. Was Gott tut, wird gut. Und: Wo Gott am Werk ist, da ist Licht. So, wie ein Meister in seiner Werkstatt zuerst einmal Licht macht, so beginnt Gott mit dem Licht. Licht ist sozusagen sein Markenzeichen. Licht von Anfang an. Licht, das wärmt. Licht, das Orientierung gibt. Licht, das Klarheit schafft. Das kann mitunter erschrecken. Aber nicht zu Tode, sondern zum Leben. Denn der, der das Licht ist, ist auch der Weg, die Wahrheit und das Leben. Er ist die Tür. Wo sein Licht uns umleuchtet, hören wir auch: Fürchtet euch nicht. Und da ist die Rede von der großen Freude, die allen widerfahren wird. Ein Licht also nicht nur für die Reichen, Beliebten, Erfolgreichen und Schönen. Sondern auch für die, die auf der Schattenseite stehen, über denen sich dicke Wolken zusammenbrauen, die im Dunkeln tappen.

Zum anderen über den Sonntag:
Und Gott segnete den siebenten Tag und heiligte ihn, weil er an ihm ruhte von allen seinen Werken.
Gottes Ruhe am siebenten Tage soll Vorbild sein für unsere Ruhe am Sonntag.
Gott musste ja nicht ruhen, weil er erschöpft war, oder weil er Kräfte sammeln musste für die nächste Runde. Er ruhte, um seine Werke zu betrachten, von denen es heißt: Siehe, es war sehr gut. Und er betrachtete den Menschen, der Teil dieser sehr guten Schöpfung war und ist.
Nun ist seit dem Sündenfall wohl einiges beschädigt; was aber bleibt, ist die Bestimmung des Sabbat:
Gottes Werke betrachten. Dem „Sehr gut“ des Anfangs nachspüren und dem, der hinter der großartigen Schöpfung steht. Seine Spuren

entdecken und ihm begegnen. Unserer Sehnsucht nach Gott freien Lauf lassen. Gottes Schönheit in allem und hinter allem Schönen entdecken, sei es in der Natur, sei es in der Kunst. Oder vielleicht auch: Sie im Antlitz meiner Geschwister wiedergespiegelt zu finden.

Wenn ein Kind einen Einser, ein „Sehr gut“, nach Hause bringt, wird es zu Recht gelobt. Gottes Schöpfung bekommt als Gesamtnote ein „Sehr gut“. Darum stehen ihm unser Lob und unsere Dankbarkeit zu.

Gott loben und ihm danken ist eine wichtige Übung, denn sie weist allen Personen und allen Dingen den ihnen angemessenen Platz zu. Dann verliert vieles seine bedrohliche oder auch verführerische Macht. Wer behauptet, dass die Möglichkeit, am Sonntag einzukaufen unsere Lebensqualität erhöht, befindet sich im Widerspruch zur Bibel.

Der Sonntag soll unserer Erholung dienen. Im Englischen heißt „Erholung“ ja „recreation“. Wörtlich bedeutet das „Wiedererschaffung“, und das trifft die Sache sehr gut. Gott will uns nicht nur für ein paar Stunden auskühlen lassen. Er möchte uns nicht nur da und dort ein wenig reparieren oder schmieren. Er will uns neu erschaffen. Dazu soll der Sonntag dienen, und so beginnt die neue Schöpfung, so beginnen der neue Himmel und die neue Erde in Ansätzen schon hier und heute. Und sie werden vollendet werden in der Ewigkeit bei ihm, in seiner unmittelbaren Nähe.

So großartige Dinge sind uns versprochen.

Der heutige Text sagt uns:

Wir sind gesegnet.

Wir sind ausgezeichnet.

Wir sind beauftragt.

Und: Wir sind versorgt.

Denn - vergessen wir nicht: Wir tragen den Siegelring des Königs.

Amen

Genesis 22,1-13
Sonntag Judica
10. April 2011
Ev. Kirche Wallern/Oberösterreich

Liebe Gemeinde!

Eine Geschichte, die wir alle kennen. Eine Geschichte, die uns vertraut ist. Vielleicht zu vertraut, denn eigentlich müsste es uns beim Lesen und Hören kalt den Rücken hinunterlaufen. Es ist eine schreckliche Geschichte. Eine Geschichte, die verstört, eine Geschichte, die so gar nicht zu dem Bild passt, das wir uns von Gott gemacht haben. Eine Geschichte, die für viele Menschen Anlass oder Vorwand ist, sich vom biblischen Glauben abzuwenden.

Wie mag es wohl Isaak später ergangen sein mit seinem Vater, der bereit war, ihn abzuschlachten und mit dessen Gott, der ihn dazu aufgefordert hatte? Möchte ich, möchten Sie Abraham zum Vater haben? Fragen, die brennen, Fragen, die weh tun.

Deshalb erscheint es auch nicht weiter verwunderlich, dass es in verschiedenen Auslegungen immer wieder Versuche gab, dieses Geschehen zu verharmlosen, ihm seine Spitze zu nehmen. Da wird einmal die Geschichte nur vom Ende her gesehen, so als hätte Abraham von Anfang an gewusst, wie sie ausgehen würde. Da wird diese Erzählung als nur symbolhafter Bericht gedeutet, der den Übergang vom Menschen- zum Tieropfer beschreibt. Da wird behauptet, Abraham hätte die Forderung Gottes nur geträumt und sei dann beim Einschreiten des

Engels erwacht mit der Erkenntnis, dass Gott einen solchen Schritt nie verlangt hätte, im Gegensatz zu den anderen Göttern, die zu dieser Zeit ihr Unwesen trieben. All diese Interpretationen machen den Text zwar erträglicher, werden ihm aber letzten Endes nicht gerecht.

Auch ich bin mit dieser Bibelstelle nicht zurande gekommen. Ich konnte mich ihr nur bruchstückhaft annähern. Ein paar der Fetzen, die ich dabei zu fassen bekam, möchte ich gerne mit Ihnen teilen.

Zunächst einmal: Es ist vielleicht ganz gut, wenn mir ab und zu gesagt wird: Gott ist kein Kuschelgott, dessen Zuständigkeit mit dem schönen Wetter für den geplanten Sonntagsausflug endet. Er ist der Schöpfer des Universums. Er ist ein eifersüchtiger Gott, der zu Recht Anspruch auf seine Geschöpfe erhebt. Er ist eben nicht lieb, im Sinne von harmlos oder leicht zu fassen. Er ist auch nicht böse. Er ist Gott, von dem wir uns nach dem ersten Gebot kein Bild machen sollen, weil kein Bild ihm auch nur annähernd gerecht werden kann. Er ist nicht zu fassen, nicht zu begreifen. Es gibt ja auch diesen Anklang bei Hiob, der beim Tod seiner Kinder Gott nicht anklagt, sondern den Verlust mit fast irritierendem Gleichmut kommentiert: „Der Herr hat´s gegeben, der Herr hat´s genommen, gepriesen sei der Herr!". Gottes Handeln zu bewerten steht uns nicht zu. Über seine Motive zu spekulieren bringt uns ebenfalls nicht weiter. Gott hat eben alle Macht und jedes Recht. Auch wenn er auf der Suche nach uns darauf verzichtet, davon Gebrauch zu machen. Auch wenn er unsere von ihm geschenkte Freiheit respektiert. Das ist unbequem, aber wahr.

Weiters: Gott fordert und segnet Gehorsam. Gehorsam - ein Wort, das nicht sehr modern ist. Wohl weil es hinlänglich missbraucht wurde und wird. Wenn Menschen blinde Gefolgschaft fordern, weil sie mit ihren Argumenten am Ende sind, dann setzen sie sich selbst an Gottes Stelle, und dann ist nicht Unterordnung gefragt, sondern Widerstand. Wenn aber Gott Gehorsam fordert, dann tut er das insofern mit Recht, als Gehorsam etwas mit Gehören zu tun hat. Wir gehören Gott und nicht uns selbst, so wie die ganze Schöpfung ihm gehört. Gehorsam sein heißt dann auch: Sich daran erinnern, wem man gehört und so seinen angemessenen Platz finden. Den Gehorsam des Abraham hat Gott in einer Weise angefragt, die mich irritiert. Und Abraham, der kurz zuvor noch mit einer unglaublichen Zähigkeit um Sodom und Gomorrha gefeilscht hatte, ist der Aufforderung widerspruchslos gefolgt. Aber Gott hat diesen Gehorsam nicht bis zum bitteren Ende ausgereizt und unterscheidet sich damit von so manchen Diktatoren und Kriegsherren mit ihren Durchhalte- und Endsiegparolen. Am Ende steht der Gehorsam unter Gottes besonderem Segen. Wenn ich mir bewusst bin, dass ich Gott gehöre, kann ich mich auch von ihm beschenken lassen und beschenkt wissen. Und kann als Beschenkter weiterschenken und zum Segen werden. „Ich will dich segnen und du sollst ein Segen sein“ – ein solcher Zuspruch gilt mit Abraham jedem, der weiß, wem allein er Gehorsam schuldet.

Dann fällt noch der kleine Nebensatz auf: …Isaak, „den du liebhast“. Vielleicht bin ich manchmal herausgefordert, etwas zu opfern, was mir lieb ist. Entweder, weil es mir zu lieb geworden ist und so meiner Beziehung zu Gott im Weg steht, oder weil es schlicht und einfach falsch ist. Das kann eine Meinung sein, eine Gewohnheit, oder etwas, was ich besitze und unbedingt zu brauchen glaube. Da kann eine schmerzhafte Trennung, vielleicht sogar Zerstörung notwendig sein. Ich darf mich ruhig hin und wieder fragen lassen, ob mit den Dingen, die mir sehr lieb sind, alles seine rechte Bewandtnis hat.

Einen vierten Gedanken möchte ich betiteln mit: „Gott ist die dritte Möglichkeit".
Für den Leser, zumindest für mich, scheint es, als Gottes Aufforderung, Isaak zu opfern, Abraham erreicht, nur zwei Möglichkeiten zu geben: Die Schlachtung des eigenen Kindes oder die Gehorsamsverweigerung gegenüber Gott. Ein Loyalitätskonflikt zwischen den zwei Personen, die Abraham am meisten liebt und denen er beiden ganz zur Verfügung stehen will, wenn er ihnen mit denselben Worten antwortet: „Hier bin ich!". Zwei Möglichkeiten, eine so undenkbar wie die andere.

Eine russische Geschichte fällt mir da ein. Sie erzählt von einem Mann, der mit seinem Schlitten, voll beladen mit Lebensmitteln und Brennholz, unterwegs ist zu seinem Haus inmitten eines großen Waldes. Plötzlich bemerkt er, dass er von einem Rudel Wölfe verfolgt wird. In wilder Entschlossenheit versucht er zu entkommen. Er treibt sein Pferd zum äußersten, aber vergeblich: Der Abstand zwischen den Verfolgern und ihrem Opfer wird zusehends geringer. Der Mann erwägt seine Möglichkeiten: Er kann entweder seine Ladung abwerfen, um schneller zu werden. Dann riskiert er, im noch langen Winter zu verhungern oder zu erfrieren. Oder er behält seine Fracht und wird mit hoher Wahrscheinlichkeit zum Fraß der Wölfe. Immer verzweifelter wehrt er sich gegen sein Schicksal, immer näher kommen die Räuber. Da, als schon der erste mit seinen Vorderpfoten den Schlitten berührt, bricht plötzlich aus dem Gehölz ein Hirsch. Die Wölfe halten inne und als das Wild in panischer Angst entflieht, lassen sie von dem Schlitten ab und jagen ihrem neuen Opfer nach. Der Mann und seine Fracht sind gerettet und erreichen wohlbehalten und vollständig ihr Ziel.

Abraham, davon gehe ich aus, lügt seine Begleiter nicht an, wenn er sie auffordert, zu warten „und wenn wir angebetet haben, wollen wir wieder zu euch kommen". Er lügt auch seinen Sohn nicht an, als er sagt: „Gott wird sich ersehen ein Schaf zum Brandopfer". Er würde es wohl auch nicht wagen, Gott vorzugreifen. Dafür ist gerade er viel zu ernsthaft. Aber möglicherweise hat er, dem zugesagt wurde, dass aus Isaak ein großes Volk werden würde, im Hinterkopf einen Funken verzweifelter Hoffnung, dass Gott weiß, was er tut und dass er seine Verheißung nicht vergessen hat. Einen Funken verzweifelter Hoffnung, dass es eine dritte Möglichkeit gibt, die im Moment eben nur Gott sehen kann.
Eine grausame Prüfung bleibt es allemal, aber Abraham kann mir doch zum Vorbild werden dahingehend, dass ich Gott eine dritte oder vierte oder fünfte Möglichkeit zutraue, wo ich selbst nur eine oder zwei sehen kann.

Zum Schluss noch eines: Gott hat Menschenopfern in dieser Geschichte nach dem unerklärlichen Beginn doch ein für alle Mal ein Ende gesetzt. Und trotzdem ist die Zeit der Menschenopfer nicht vorbei, am allerwenigsten, was Kinder betrifft. Der Zugang zu den Rohstoffen für unsere Handys wird von zu Soldaten verbogenen Kindern erkämpft. Millionen Kinder werden missbraucht, um die perverse sexuelle Gier von Erwachsenen in den Wohlstandsländern der Erde zu befriedigen. Und unsere billige Kleidung wird von Kindern genäht, die anstatt in der Schule in Fabriken sitzen, und das unter Bedingungen, die jeder Beschreibung spotten. Und, viel näher, aber doch um nichts harmloser: Unzählige Kinder vereinsamen und verwahrlosen, weil Eltern ihre ganze

Energie in ihre Karriere, in ihr Haus, in ihre Selbstverwirklichung stecken, und das noch dazu unter dem Vorwand, es sei zum Besten eben dieser Kinder.
Wer sich also über den Gedanken an Menschenopfer empört, hat genug Gelegenheit, im Heute aktiv zu werden und braucht sich nicht mit Abraham aufzuhalten.
Gerade der biblische Glaube fordert uns auf, uns dem Moloch entgegenzustellen, dem in alter Zeit Kinder auf einem steinernen Altar geopfert wurden und für den nach wie vor Kinder geschlachtet werden, wenn auch auf den Altären der Gier und der Machtversessenheit.

Liebe Gemeinde, Sie hören meine Hilflosigkeit im Umgang mit dem Predigttext. Das war alles andere als eine glatte Sache. Keine „gemähte Wiese", wie man bei uns sagt. Aber ein Erschauern vor der Größe und Unfassbarkeit Gottes, vor seiner Andersartigkeit, kann mitunter gesund sein. Besonders dann, wenn uns als Christen gesagt wird, dass gerade dieser Gott sich mit aller Liebe und Sehnsucht, mit aller Konsequenz und Opferbereitschaft, auf den Weg zu uns gemacht hat.

Amen

Matthäus 4,1-11

Sonntag Invokavit

9. März 2003

Ev. Kirche Wallern/Oberösterreich

Liebe Gemeinde!

Der Frühling naht, Bikini und Badehose kommen drohend zurück ins Bewusstsein und schon schießen sie wieder wie die sprichwörtlichen Schwammerln aus dem Boden: Die zahllosen Angebote mit den verschiedenen Wundermitteln zum Abnehmen.

Essen Sie was und soviel Sie wollen und nehmen Sie mit der Wunderpille Schlankfix 10 Kilo pro Woche ab...

Binden Sie sich den Magnetgürtel Wampex um und verlieren Sie ohne jedes Training 10 cm Bauchumfang in 3 Tagen...

Tragen Sie den Halbedelstein XY um den Hals und sehen Sie schon bald aus wie die Barbiepuppe Ihrer Tochter...

All diese Wundermittel haben zwei Dinge gemeinsam: Erstens: Sie kosten viel Geld. Zweitens: Sie bringen nicht den versprochenen Erfolg. Und jeder weiß es.

Warum sind sie dennoch so verlockend?

Nun, ich denke, das liegt daran, dass sie eine Abkürzung versprechen. Sie suggerieren, dass das, wofür sich andere plagen müssen, auch auf dem einfachen Weg zu haben ist. Sie stellen keinen Anspruch an unsere Lebensgestaltung, sondern schüren das Misstrauen gegenüber dem aufrichtigen, oft mühsamen Weg zum Ziel. Sie machen das Leben scheinbar einfacher.

Aber sie locken uns in eine Falle. Sie betrügen den, der sich auf sie einlässt.
Dabei geht es nicht um ein paar Kilo Körpergewicht, sondern um eine grundsätzliche Haltung. Um die in den ganz alltäglichen Dingen angesiedelte Entscheidung zwischen Aufrichtigkeit und Schwindelei. Mein eigener Hang zum Betrug macht mich hier zum leichten Opfer für andere Betrüger.

Hinter all diesen kleinen Schwindeleien und erst recht hinter den ganz großen steht letztendlich der, der immer schon Verwirrung und Zerstörung im Sinn hatte, der Satan. Von ihm wissen wir zwar nicht, wie er aussieht, aber immerhin, wie er sich bisweilen anhört. Alles, was das Vertrauen in Gott, die Liebe zu ihm und den Gehorsam ihm gegenüber in Frage stellt, ist in diesem Zusammenhang zumindest hochgradig verdächtig. „Sollte Gott gesagt haben…" - so klang es schon im Paradies - „Ihr werdet das doch wohl nicht für bare Münze nehmen und auf eure Freiheit verzichten! So hat er das sicher nicht gemeint, mit den Früchten, die ihr nicht essen sollt. Ein paar Bissen nur, was ist schon dabei, greift zu!".

Und nun macht er sich auch an Jesus heran. Nachdem Jesus in seiner Taufe den großen Zuspruch erfahren hat: „Du bist mein lieber Sohn, an dir habe ich meine Freude", wird er in die Einsamkeit geführt, in eine lebensfeindliche Umgebung. Dort soll er sich, fern von allem Unwesentlichen, darüber klar werden, wozu er gekommen ist, welchen Weg er gehen soll.

Da meldet sich eine Stimme. „Jesus", sagt sie, „das Ziel deines Kommens ist doch, dass alle Not ein Ende findet. Jetzt bist du selbst hungrig, und weißt wie das ist. Es liegt in deiner Macht, allen Hunger, alles Leid zu beseitigen. Mach diese Steine zu Brot, stille deine Bedürfnisse. Stille die Bedürfnisse der darbenden Menschheit!"

Eine durch und durch vernünftige und menschenfreundliche Stimme, sollte man aufs erste Hinhören meinen, und nichts liegt näher, als ihr zu folgen – oder?

Aber: ist der Hunger, das Elend in der Welt, wirklich darin begründet, dass es zu wenig Brot, zu wenig Ressourcen gibt? Hätte das Verwandeln der Steine in Brot oder in andere Güter des täglichen Bedarfs wirklich die Armut beseitigt, oder hätte es nicht nur die Kluft zwischen arm und reich vergrößert? Unsere Erde bietet neueren Forschungen zufolge genug Güter, um 10 Milliarden Menschen in Wohlstand leben zu lassen („Enough for the needs of everybody but not enough for the greed of a few", wie die indische Alternativ-Nobelpreisträgerin Vandana Shiva es in einem Interview auf den Punkt brachte). Es mangelt also nicht an Brot, wenn heute Menschen hungern, sondern an der gerechten Verteilung desselben. Dieses Problem kann Jesus nicht lösen, indem er einen auf David Copperfield macht und ein tolles Zauberkunststück auf die Bühne stellt, sondern indem er in die Herzen der Menschen kommt und sie von innen heraus verändert.

Und dann: sind Menschen wirklich glücklicher, wenn sie alles haben, was sie scheinbar zum Leben brauchen? Vor ein paar Jahren wurde eine unter Jugendlichen in Österreich durchgeführte Umfrage veröffentlicht, in der es darum ging, was sich unsere Kinder am meisten wünschen und was sie damit machen würden, wenn sie es hätten. Das Ergebnis war eindeutig und erschütternd zugleich. Am meisten gewünscht wurde, dass die Eltern mehr Zeit haben mögen. Nicht für besondere Aktionen, sondern einfach nur zum Reden. Zum Austauschen und Zuhören.

Jesus weiß: Der Mensch ist als Beziehungswesen geschaffen. Er ist dazu bestimmt, jemandes Ebenbild, oder wie es in einer anderen Übersetzung heißt: jemandes Gegenüber zu sein. Gegenüber Gottes und Gegenüber seiner Mitmenschen. Der Mensch ist auf Beziehung angelegt, und kann er die nicht leben, geht er zugrunde. Ich denke da an jenes grausame Experiment, das Friedrich II. durchführte, um der vermuteten, in allen Menschen angelegten Ursprache auf die Spur zu kommen. Er ließ eine Reihe Neugeborener gleich nach der Entbindung von ihren Müttern fortnehmen und isoliert aufwachsen, in der Annahme, sie würden von sich aus beginnen, in der gesuchten Ursprache zu reden. Geredet wurde nichts. Alle Kinder starben.

Jesus sagt nicht, dass der Mensch kein Brot, keine materiellen Güter braucht. Aber nur Brot, Obdach und Kleidung sind zu wenig zum Leben, seien sie in der Ausführung noch so luxuriös.

Wer nur auf die eigene Kraft vertraut, hat keine Reserven mehr, wenn diese zu Ende geht.

„Der Mensch lebt nicht vom Brot allein, sondern von einem jeglichen Wort, das durch den Mund Gottes geht!"

Und von all jenen Worten, die er in einem gesunden Beziehungsnetz mit seinen Artgenossen wechselt. Von Worten, die Klarheit stiften und uns aufrichten. Die uns weisen und trösten. Das sind unsere wahren Grundnahrungsmittel. Jesus weiß das, und er kann zu der verlockenden Abkürzung sein Nein sagen.

Und ich? Erkenne ich den Betrüger, wenn er mich umwirbt? Schaffe ich es dann, ihn abblitzen zu lassen, auch wenn er mich auf einer Durststrecke anspricht? Weiß ich, dass ich nicht vom Selbstgemachten leben kann, weil ich nicht selbstgemacht bin? Erkenne ich in Rezepten wie „Hilf dir selbst, dann hilft dir Gott" die Handschrift aus Teufels Küche? Und erkenne ich in Jesus den, der er wirklich ist, nämlich der aus Liebe menschgewordene Gott? Oder verkürze ich ihn auf das Maß eines aufrichtigen aber gescheiterten Sozialreformers, dessen Leben und Sterben für mich bedeutungslos sind, und von dessen Auferstehung sowieso keine Rede sein kann?

Die Stimme hat ihre erste Niederlage einstecken müssen, aber sie gibt sich noch nicht geschlagen. Im Gegenteil, sie rüstet auf. Jetzt kommt sie sogar ganz biblisch daher. Sie klingt nun ausgesprochen fromm, und es wird noch schwieriger, ihre Herkunft zu erahnen.

„Jesus", sagt sie, „das Ziel deines Kommens ist doch, dass alle Menschen wieder lernen, über ihren Schöpfer zu staunen und ihm zu vertrauen. Es liegt in deiner Macht, den großartigsten Stunt aller Zeiten zu vollbringen. Die Menschen brauchen so ein Zeichen! Gib es ihnen! Sie werden dir zujubeln und vielleicht sogar deinem himmlischen Vater, also los, spring! Und führe die Menschen hin zu Gott! Dein Risiko dabei ist gleich null, oder vertraust du deinem Vater etwa nicht? Glaubst du etwa nicht, was in der Schrift steht?"

Auch das scheint eine gute Idee zu sein. Wie sollen die Menschen an Gottes Macht glauben, wenn sie sie nicht zu sehen bekommen? Wie soll jemand an den himmlischen Vater denken, wenn er doch tagtäglich nur allzu irdisches zu sehen bekommt?

Aber: Kommt es wirklich darauf an? Hat es in der Geschichte des Volkes Israel nicht ohnehin genug Wunder gegeben? Angefangen von der Berufung und Führung Abrahams über die Befreiung aus Ägypten, die Bewahrung auf der Wüstenwanderung – Brot vom Himmel, Wasser aus dem Fels – bis hin zum Einzug in das gelobte Land? Und weiter vom unerwarteten Überleben im Exil bis hin zur Rückkehr nach Israel? Und waren die Wunder nicht alle vergeblich? Hat das Volk nicht trotz allem immer wieder gemurrt und seine eigenen Wege gesucht? Ist es nicht

immer wieder seinen Götzen nachgelaufen, und sei es auch in Form eines erstarrten und sinnentleerten Tempelkultes?
Und wir heute? Ist nicht die Schöpfung allein Wunder genug, vor Gott in die Knie zu gehen? Ist nicht jedes neue Kind Anlass, Gott zu preisen, und kaum einer tut es?
Jesus weiß: Wunder wirken keinen Glauben, wenn nicht das Herz dazu bereit ist. Und wer Gott vor seinen Karren spannt, um seine Vorstellungen von Glauben bestätigt zu sehen, der vergreift sich am Allerhöchsten. Wer ständig nach dem Gottesbeweis in Form von außergewöhnlichen Ereignissen sucht, verstellt sich den Blick für die alltäglichen kleinen Wunder, in denen uns Gott viel näher kommt, als in jedem noch so großartigen Feuerwerk. Wer stets nur nach dem Zeichen vom Himmel schielt, übersieht allzu leicht die hilfreichen irdischen Hände, die ihm Gott zu Hilfe schickt. Im leisen Säuseln begegnet Gott Elia, nicht im Sturm, im Erdbeben oder im Feuer, so steht es im 1. Buch der Könige. Jesus kennt die Schrift gut genug, dass man ihn nicht durch ihre verdrehte Wiedergabe hereinlegen kann, und es sei uns allen ans Herz gelegt, an unseren Bibel-Kenntnissen zu arbeiten, damit wir sattelfest sind, wenn der Betrüger anrückt.
Jesus wählt den unspektakulären Weg hinunter von der Zinne. Er zieht das mühsame Treppensteigen dem eleganten Fallschirmflug vor und stellt sich damit auf den Platz aller, die einen schweren Weg zu gehen haben. Er stellt sich den nicht Beachteten zur Seite, denen, die unauffällig und treu ihren mühseligen Dienst tun. Und er fordert mich auf, es ihm gleichzutun. Bin ich dazu bereit? Bin ich bereit für den Glauben, der aus zähem Ringen wächst? Für den Glauben, der nicht alle Probleme mit einem Schlag gelöst sehen will, sondern es jeden Tag aufs Neue wagt, sich Gott auszuliefern und mit ihm zu gehen, sich von ihm führen zu lassen? Und wie steht es mit meinem Verhältnis zu Jesus?

Lasse ich ihn seinen Weg über die Treppen und zum Kreuz gehen, oder möchte ich ihn nicht viel lieber von der Zinne herunterstoßen, damit er endlich beweist, dass ich mit meinem Glauben recht habe, so wie es sich vielleicht der unglückselige Judas vorgestellt hat?

Die zweite Schlappe für die Stimme des großen Verwirrers. Aber sie hat noch einen Trumpf im Ärmel, und den spielt sie jetzt aus.
„Jesus“, sagt sie, „das Ziel deines Kommens ist doch, dass du die Herrschaft übernimmst. Alles und in allem Christus..., neuer Himmel und neue Erde, keine Tränen, kein Leid und kein Geschrei mehr und so... Warum also nicht jetzt gleich? Erspare dir und der Welt die noch ausstehenden Jahrtausende an leidvoller Geschichte. Stell dir nur vor, was du Gutes erreichen könntest. Und das alles ohne diese grausliche Geschichte mit dem Kreuz. Nur ein kleiner Kniefall vor mir und alles ist gegessen!“
Wieder ein bestechendes Argument. Das Gute soll ja ohnehin am Ende siegen. Wozu so lange warten, wozu der Umweg? Warum über Feldwege rumpeln anstatt über die Autobahn zu huschen?
Aber Jesus weiß: Das ist nicht sein Weg. Er ist gekommen, um die Sünde der Welt zu tragen. Er ist gekommen, um all jenen nahe zu sein, die sich in ihrem Leid alleingelassen fühlen. Er ist gekommen, um selbst, obwohl unschuldig, in den Abgrund der Sünde zu fallen bis hin zu dem „Mein Gott, mein Gott, warum hast du mich verlassen?“. Er ist gekommen, um auch den gottverlassensten Ort aus seiner Gottverlassenheit zu reißen. Er ist gekommen, um mich aus meiner Verstrickung zu befreien. Und das geht nicht auf die bequeme Tour.
Jesus weiß: Der Zweck heiligt die Mittel eben nicht, sondern die skrupellos gewählten Mittel ruinieren den Zweck. Und zwar jeden, sei er auch noch so edel und gut gemeint.

Jesus weiß: Dem Bösen, der Gewalt, dem Betrug, der Bequemlichkeit den kleinen Finger zu reichen, ist kein Mittel, sie zu besiegen, sondern der beste Weg, eine Hand zu verlieren. Oder mehr. Zum Beispiel sein Leben und sein Ziel. Das griechische Wort für Sünde, „Harmatia", wurde in der Armee immer dann gerufen, wenn ein Bogenschütze beim Üben sein Ziel verfehlt hatte. Wer bei der Wahl der Mittel nicht zimperlich ist, wird sein Ziel nicht schneller erreichen. Er wird es verfehlen, auch wenn das nicht gleich offensichtlich ist.
Weiß ich das? Bin ich mir darüber im Klaren, wie sorgfältig ich auch bei der Wahl meines Weges zu sein habe und nicht nur bei der Bestimmung meines Zieles?
Jesus wählt den Weg zu mir. Nicht die Abkürzung an mir vorbei. Gott sei Dank!

Und siehe, da traten die Engel zu ihm und dienten ihm.
Die Prüfung ist bestanden. Jetzt ist er bereit, an die Öffentlichkeit zu gehen. Bereit, sich seine Jünger zu berufen und seinen Auftrag auszuführen. Der Satan muss sich verziehen. Er hatte bei dieser Prüfung ohnehin nie die Rolle des Vorsitzenden. Eher die des böswilligen Assistenten, der seine Freude am Scheitern des Prüflings gehabt hätte. Aber er war von vorneherein chancenlos. Denn das Urteil über den Prüfling war ja schon vorher im Zuge der Taufe gesprochen worden: „Du bist mein lieber Sohn, an Dir habe ich meine Freude!"
Liebe Gemeinde, auch mir, auch Ihnen bleiben Prüfungen nicht erspart. Aber auch uns gilt schon mit unserer Taufe der Zuspruch: „Du bist mein lieber Sohn, meine liebe Tochter, mein liebes Kind, an Dir habe ich meine Freude". Und wir haben einen, der uns durch alle Prüfungen vorausgegangen ist. Einen, der die Prüfungssituation kennt, einen der uns kennt. Einen, der unseretwegen keine Abkürzung genommen hat.

Einen, um dessentwegen wir getrost auf Abkürzungen verzichten können. Er steht uns in unseren Prüfungen bei. Er sagt uns gleichsam ein und hier ist das erlaubt, weil wir sonst sowieso keine Chance hätten, zu bestehen. An ihn dürfen wir uns halten. So wie mein Vater mit mir als dreijährigem Knirps auf dem Rücken das große Becken im Schwimmbad durchquerte, indem er mir immer wieder aufmunternd zurief: „Halt dich fest, wir schaffen es!", so trägt er uns durch unsere Prüfungen. So wie mein Vater mit mir als Siebenjährigem im Schlepptau durch den nächtlichen Winterwald zu einem vorbereiteten Lichterbaum stapfte, während er mir immer wieder zuflüsterte: „Komm! Mir nach, wir sind bald da!", so will er uns durch unser Leben führen und begleiten. Auch wenn es über tiefes Wasser und durch finstere Wälder geht:
Am Ende ist festes Ufer.
Am Ende wartet er mit seinem Licht.

Amen

Matthäus 8,5-13

3. Sonntag nach Epiphanias

25. Jänner 2009

Ev. Kirche Schärding/Oberösterreich

Liebe Gemeinde!

Hatten Sie als Jugendliche Vorbilder? Leute, die Sie begeisterten und denen Sie nacheiferten? Und wenn ja – wer waren sie, und was machte diese Menschen für Sie nachahmenswert?
Ich erinnere mich noch gut an meine Vorbilder. Da waren zum Beispiel Rudi Mitteregger und Wolfgang Steinmayr. Die bekanntesten österreichischen Radrennfahrer ihrer Zeit. Die Helden der Landstraße, die Glocknerkönige der Siebziger Jahre. Wann immer ich mit meinem auf Rennmaschine getrimmten Kaufhausrad einen Hügel erklomm, hatte ich sie vor meinem geistigen Auge, mit ihrem Kampfgeist, ihrer Hingabe, ihrem Talent, ihren Erfolgen. Und selbst heute erwische ich mich dabei, dass während einer anspruchsvollen Radtour meine Gedanken um sie kreisen. Um die Idole meiner Kindertage, die Leitfiguren meiner jugendlichen Sportlichkeit.
Seit das große Geld im Sport Einzug gehalten hat und das Doping ein immer größeres Problem wird, taugen Spitzensportler nur mehr bedingt als Vorbilder. Ich kann ja nie wissen, ob mein Star, die Quelle meiner Begeisterung, nicht plötzlich als Betrüger entlarvt wird. Und so nehmen andere Menschen ihren Platz als Vorbilder ein.

Ein solcher Mensch wurde für mich im Zuge meiner Predigt-Vorbereitung der Hauptmann von Kapernaum. Auch wenn nicht überliefert ist, wie lange er (für die Überquerung der Großglockner-Hochalpenstraße mit dem Rennrad) von der Mautstelle Ferleiten bis zum Fuscher Törl, von Zell am See bis Heiligenblut, gebraucht hat, so gibt es doch ein paar sehr wesentliche Punkte, in denen er für mich, der ich inzwischen auch ein wenig erwachsener geworden bin, ganz und gar vorbildlich ist. Diese Punkte – es sind vier an der Zahl - möchte ich nun mit Ihnen ein wenig betrachten.

Punkt eins: Der Hauptmann von Kapernaum sorgt sich um seinen Knecht.
Er nimmt wahr, wie es den Menschen um ihn herum geht. Nicht nur den Obersten und den Promis. Nicht nur seinesgleichen. Er hat auch Augen für seinen Mitarbeiter, seinen Untergebenen. Er sieht die „große Qual", die diesem zu schaffen macht. Vielleicht hat er schon lange voll Sorge mitverfolgt, wie es mit dem Knecht immer schlechter geworden ist. Von den ersten Anzeichen einer sich entwickelnden Krankheit, bis hin zu dem Punkt, an dem es unerträglich wurde. Vielleicht hat er schon so manche Arztrechnung für ihn beglichen, die eine oder andere Medizin bezahlt. Sicherlich hat er viele Stunden an seinem Krankenlager verbracht, mit ihm auf Zeichen der Besserung gehofft, mit ihm Momente der Verzweiflung geteilt. Und ganz bestimmt hat er stets Ausschau gehalten nach neuen medizinischen Entwicklungen, nach neuen begabten Ärzten. Die Not seines Mitarbeiters ließ ihn nicht mehr los, wurde in gewissem Sinne zu seiner eigenen.
Ich will mir diesen Hauptmann zum Vorbild nehmen. Ich will wieder ein wachsames Auge entwickeln und ein offenes Ohr für die Lasten meiner Mitmenschen. Ich will nicht zulassen, dass mich die Sorge um mich selbst, das Streben nach Erfolg und Wohlstand, so gefangen nehmen, dass ich die Nöte der Menschen um mich herum nicht mehr wahrnehme.

Ich will meinen Blick dorthin richten, wo sonst keiner hinschaut, weil es da so gar nichts Glanzvolles zu sehen gibt. Auf die, die ganz unten sind. Auf die, die unbeachtet vor sich hin funktionieren. Auf die, für die sich niemand interessiert. Ihnen will ich meine Aufmerksamkeit schenken, wie der Hauptmann von Kapernaum es tat.

Punkt zwei: Der Hauptmann von Kapernaum ist sich der Stellung Jesu bewusst.

Er wendet sich mit voller Absicht nicht an irgendeinen Schmiedl, sondern gleich an den Schmied. Mit den Schmiedln hat er schon genug Enttäuschungen erlebt. Aber das, was er über Jesus hört, bringt ihn wieder in Bewegung. Es lässt ihn Hoffnung fassen, nachdem er möglicherweise schon resigniert hatte.

Sein Zugang zu Jesus ist stark von seinem beruflichen Alltag geprägt: Er ist gewohnt, dass Anordnungen befolgt werden. Die Anordnungen seiner Vorgesetzten durch ihn, seine eigenen Anordnungen durch seine Untergebenen. Ohne wenn und aber. Das sichert einen reibungslosen Ablauf, Tag für Tag. Das funktioniert, da gibt es keine Diskussion. Und für ihn ist klar: So wie in seiner militärischen Hierarchie das geschieht, was der jeweilige Chef befiehlt, so geschieht im Wirkungsbereich Jesu das, was er, der Sohn Gottes, sagt. Mit hundertprozentiger Zuverlässigkeit. Denn er ist der alleroberste Chef, das hat der Hauptmann erkannt.

Und er hofft darauf, dass gerade dieser Jesus, der so hoch über ihm steht, für ihn dennoch ansprechbar ist. Eine gewagte Vorstellung, aber die Berichte über das Auftreten und Wirken Jesu haben ihn wohl ermutigt. Er stellt sich der Herausforderung, die darin besteht, dass der Herr über Wind und Wellen, über Krankheit und Gesundheit, über Leben

und Tod, tatsächlich unser Bruder und Freund geworden ist. Einer Herausforderung, die es auch für mich immer wieder zu bestehen gilt.
Ich will mir diesen Hauptmann zum Vorbild nehmen. Ich will mein Herz öffnen dafür, dass Jesus weit mehr ist, als ein besonders guter Mensch. Mehr als ein edler Charakter und ein begnadeter Prediger. Dass Jesus der ist, der im Anfang bei Gott war, der Mensch gewordene Allmächtige, das Licht der Welt, der Weg, die Wahrheit und das Leben. Der Auferstandene, der kommen wird, zu richten die Lebenden und die Toten.
Und ich will immer wieder neu darauf vertrauen, dass gerade er mich hört und sieht. Dass er meine Nöte ernst nimmt, dass er mir nicht nur helfen kann, sondern auch helfen will. Dass ich ihn ansprechen darf und sicher nicht zurückgewiesen werde. Ich will meine Hoffnung auf die Macht und die Liebe Jesu setzen, wie der Hauptmann von Kapernaum es tat.

Punkt drei: Der Hauptmann von Kapernaum ist sich nicht zu gut, zu bitten.
Er ist es ja von seinem beruflichen Alltag her gewohnt, zu befehlen. Das Wort „bitte“ kommt in den militärischen Befehlsketten wohl eher selten vor. Und doch weiß der Hauptmann von Kapernaum sehr genau, wann welcher Ton dran ist.
„Ich bin nicht würdig, dass du eingehst unter mein Dach, aber sprich nur ein Wort, so wird mein Knecht gesund“ – dieser Satz ist so voll Demut und Vertrauen, dass er zu Recht Einzug gefunden hat in die Mess-Liturgie unserer katholischen Schwestern und Brüder. Ein Denkmal der besonderen Art für einen Helden der besonderen Art. An dieser Stelle begegnet mir nicht einer, der anschafft, der den Durchblick hat und weiß

wo es lang geht, sondern einer, der mit seinem Latein am Ende ist, und sich nicht scheut, das zuzugeben.
Ich will mir diesen Hauptmann zum Vorbild nehmen. Ich will lernen, damit zu leben, dass ich auf andere angewiesen bin und bleibe. Dass mir kein Stein aus der Krone bricht, wenn ich andere um Hilfe bitte. Und dass mir in Jesus der gegenübertritt, bei dem alle meine Bitten am besten aufgehoben sind.
Ich will mich wieder besinnen, wie wichtig es ist, sich für andere Menschen stark zu machen. Denen Gehör zu verschaffen, die selbst nicht wahrgenommen werden. Denen meine Stimme zu leihen, die aus Resignation verstummt sind. Ich will mich besinnen, wie gemeinschaftsstiftend es ist, füreinander vor Gott einzutreten. Nicht weil Gott meine Hinweise auf die Not der anderen braucht, weil er sie sonst übersieht, sondern weil es mein eigenes inneres Auge schult und weil es unseren Beziehungen eine ganz besondere Qualität gibt. Ich will mich besinnen, wie gut es tut, in diesem Netzwerk zu leben, das von den Fäden der gegenseitigen Fürbitte zusammengehalten wird. Ich will mich darin üben, die zu Jesus zu bringen, die so gelähmt und erstarrt sind, die in ihrer Qual so gefangen sind, dass sie diesen Schritt nicht selbst gehen können. Ich will noch viel mehr als Bittsteller in fremder Sache vor Jesus treten, wie der Hauptmann von Kapernaum es tat.

Punkt vier – in der Parallelstelle bei Lukas überliefert: Der Hauptmann von Kapernaum hat das Volk Israel lieb.
Er selbst ist vermutlich Syrer. Ihn hat es nur seines Berufes wegen nach Kapernaum verschlagen. Sein Hier-Sein ist wahrscheinlich alles andere als freiwillig. Aber anstatt sich hinter Zynismus und Verachtung zu verschanzen, hat er Kontakte zu den Menschen geknüpft, mit denen er täglich zu tun hat. Er hat sich einladen und ansprechen lassen von den

alten Geschichten, die da erzählt wurden. Und er hat begriffen, oder zumindest gehofft, dass diese Geschichten von Befreiung aus Knechtschaft und einem Leben in Fülle auch mit ihm etwas zu tun haben könnten. Das geht sogar so weit, dass er den Bau eines Gotteshauses in Kapernaum maßgeblich finanziell und organisatorisch unterstützt hat. Er hat der Versuchung von Selbstmitleid und Heimweh widerstanden und begonnen, Wurzeln zu schlagen im Volk Gottes, dessen Grenzen gar nicht so klar gesteckt sind, wie die Oberfrommen es zu wissen glauben.
Ich will mir diesen Hauptmann zum Vorbild nehmen.
Gerade als Christ will ich mich auf die Entdeckungsreise machen und nach den Wurzeln suchen, die mich mit meinen älteren – jüdischen - Geschwistern verbinden. Besonders in Zeiten von Konflikten, in denen durchaus auch kritische Stellungnahmen angebracht sind, will ich nicht vergessen: Es ist dieses Volk, mit dem Gott begonnen hat, seine Geschichte auf dieser Erde zu schreiben. Es ist dieses Volk, in dem Gott Menschengestalt angenommen hat, in dem sein Sohn gelebt und gewirkt hat. Es ist dieses Volk, in dem er gestorben und auferstanden ist, um mich aus der Macht des Todes zu befreien und ihm, dem Feind alles Lebens, das letzte Wort zu nehmen. Es ist dieses Volk, das wie wir auf seinen Erlöser wartet und das, wie Paulus im 11. Kapitel des Römerbriefes klarstellt, als ganzes gerettet werden wird. Und es ist dieses Volk, dessen Sehnsucht möglicherweise in der selben Person ihre Erfüllung finden wird wie die meine. Dessen Messias endlich, endlich erscheinen wird, wenn meiner endlich, endlich wiederkommt. Dessen Tränen von der gleichen Hand getrocknet werden wie die meinen. Ich will das Gemeinsame suchen und finden und lernen das Volk Gottes lieb zu haben, wie der Hauptmann von Kapernaum es tat.

Liebe Gemeinde, ich bin nach wie vor ein leidenschaftlicher Radfahrer. Ich staune und juble über die Schönheit von Gottes Schöpfung, in der sich seine eigene Herrlichkeit spiegelt, und die ich vom Sattel meines Carbon-Esels aus so besonders intensiv wahrnehmen kann.
Meine Vorbilder allerdings haben mit dem Radsport nichts mehr zu tun.
Ich will mir vielmehr ein Beispiel nehmen an dem Hauptmann von Kapernaum.
Mit seiner Sorge um seine Mitmenschen, gerade auch für seine Untergebenen.
Mit seinem Gespür für die Stellung und Bedeutung des Jesus von Nazareth.
Mit seiner Demut und seinem Wissen um das Angewiesensein auf andere.
Mit seiner Liebe zum Volk Israel, dem er selbst gar nicht angehört.

Und ich will lernen aus seiner Geschichte:
Dass ich nicht vorschnell ein Urteil fälle darüber, wer denn nun dazugehört zum Volk Gottes und wer nicht. Wer denn nun „drinnen" ist, und wer „draußen". Denn da wird es sicher so manche Überraschung geben.
Jesus, das Vorbild aller Vorbilder, hat von den Grenzen des Gottesreiches eine andere Vorstellung als ich mit meinem Kleinglauben und meiner Engstirnigkeit. Gott sei Lob und Dank dafür.
Und wenn ich eines Tages an der großen Festtafel sitzen werde - ich werde staunen und jubeln darüber, wer noch alles dabei ist.

Amen

Matthäus 9,35-38; 10,1-4
1. Sonntag nach Trinitatis
10. Juni 2007
Ev. Kirche Schärding/Oberösterreich

Liebe Gemeinde!

Vor einiger Zeit las ich ein Buch über spektakuläre Fehlprognosen in der Geschichte der Wirtschaft. In diesem Buch kommt auch ein Forscher zu Wort, der seinerzeit maßgeblich an der Entwicklung der ersten Computer beteiligt war. Er wird mit dem bemerkenswerten Satz zitiert: „Ich schätze den weltweiten Bedarf an Computern auf etwa vier Stück."
Wir aus heutiger Sicht können über diese Aussage schmunzeln und vielleicht ergänzen: Pro Haushalt. Für den Wissenschafter damals war es eine realistische Einschätzung. Was dann tatsächlich geschah, hätte er sich wohl in seinen kühnsten Träumen nicht auszumalen gewagt. Er hatte die Nachfrage für das, woran er arbeitete, um ein Zigmillionenfaches unterschätzt.

In einer ähnlichen Situation sahen sich auch die Jünger, die mit Jesus unterwegs waren. Dass Jesus Aufsehen erregen würde, war ihnen vielleicht nach den ersten Heilungen klar geworden. Dass die Sache mit der Menschenfischerei auf Wachstum angelegt war, hatten sie wohl ebenfalls zu Recht vermutet. Aber dass da einmal 4000 erwartungsvolle Familien sitzen würden, um Jesus zu hören, und dass von seiner Botschaft eines Tages Menschen aus allen Völkern angesprochen werden sollten, auch noch nach 2000 Jahren, das sprengte sicher ihre Erwartungen. Und hätten sie es gewusst, es hätte ihnen wahrscheinlich gar nicht zu ungetrübter Freude gereicht. Denn zunächst hatte der sich abzeichnende Umfang dieses Projektes sicher auch etwas Einschüchterndes. Wie sollte das alles zu bewältigen sein?

Aber Jesus jammert nicht, wie ich es angesichts eines so gewaltigen Arbeitspensums vielleicht tun würde. „Die Ernte ist groß" – das ist keine Klage, sondern ein Jubelruf.
Jesus vertraut seinem Vater, er traut ihm alles zu, und so bereitet ihm die Fülle der anstehenden Arbeit nicht Sorge, sondern Freude.
Sein Vertrauen in den Vater gibt ihm Halt. Auf dieser Basis kann er sich auf alles einlassen. Und er kann einen ganz besonderen Umgang pflegen, mit seinen „Klienten" ebenso wie mit seinen Mitarbeitern.
Dieser besondere Umgang ist Gegenstand des heutigen Predigttextes und ich möchte ihn in vier Punkten skizzieren. Er kann uns als Ermutigung dienen, immer dann, wenn die vielen Anforderungen drohen, uns zu lähmen, anstatt uns zu beflügeln.

Punkt Eins: Jesus stellt sich ganz zu den Menschen.
Er sieht die Menschen zuerst einmal in ihrer Bedürftigkeit. Ich selbst bin oft versucht, Notsituationen auf ein Verschulden seitens der Betroffenen zurückzuführen und sie mir so vom Hals zu halten. So nach dem Motto: In diesen Schlamassel haben sie sich selbst hineinmanövriert, sollen sie doch selbst sehen, wie sie da wieder herauskommen.
Ganz anders Jesus. Er geht nicht auf Distanz. Im Gegenteil. Luther übersetzt: Es jammerte ihn. Das Wort, das hier im Urtext steht, hat etwas mit den Eingeweiden zu tun. Die Not der Menschen geht Jesus an die Nieren, schlägt sich ihm auf den Magen, lässt ihm eine Laus über die Leber laufen, trifft ihn ins Mark, geht ihm auf die Nerven, geht ihm durch und durch. Er erkennt die Not, die ihm begegnet, nicht nur mit dem

Verstand, sondern lässt sie sich ganz nahe gehen. So nahe, dass sie ihn schließlich selbst mit ihrer vollen Härte trifft. Er lässt sich hineinführen in das Leid der Menschen. Mit aller Konsequenz, bis hin zum Zustand der absoluten Gottverlassenheit.

Dabei geht Jesu Blick in die Tiefe. Unter den Menschen, die ihn jammern, befinden sich ja nicht nur solche, deren Leid offensichtlich ist, wie Blinde, Lahme, Aussätzige oder Obdachlose. Vielmehr gibt es da jede Menge so genannter ganz normaler Menschen. Auf ihren alltäglichen Wegen, bei ihren alltäglichen Erledigungen. Aber Jesus sieht die Verletzungen, die den Blickwinkel verengen, die Sorgen, die den Schritt hemmen, die Schuld, die Beziehungen belastet, die innere Verlorenheit, die einen unstet weitertreibt. Und das alles ist ihm nicht egal. Jesus gibt sich nicht mit klugen Erklärungen zufrieden, er versinkt auch nicht im Zustand sentimentaler Betroffenheit. Er wird tätig. Wir lesen: Er heilte alle Krankheit und alle Gebrechen. Dabei präsentiert er sich jedoch nicht als Wunderarzt, der ruck-zuck lediglich die Symptome verschwinden lässt (und damit hat sich's), sondern er packt das Übel bei seiner tiefsten und ältesten Ursache. Seine Heilungen stehen immer im Zusammenhang mit der Predigt des Evangeliums. Mit dem Weitersagen der guten Nachricht von der Vergebung der Sünden, von der Wiederherstellung intakter Beziehungen zwischen Gott und den Menschen und zwischen den Menschen untereinander. Die wahre Krankheit besteht für Jesus nicht in Blindheit, Lahmheit oder Aussatz, sondern darin, dass Menschen nichts von der Liebe Gottes zu ihnen wissen. Nichts von der Wertschätzung, die er für sie hegt. Das macht sie verschmachtet und zerstreut, wie Schafe ohne einen Hirten. Das plagt sie und wirft sie zu Boden, wie es wörtlich heißt. Darum wissen sie nicht, was ihnen gut tut, wo es lang geht. Deshalb werden sie zu Opfern von Gewalt aller Art. Von Gewalt, die sie unterdrückt und zerstört. Dieser

Unterdrückung macht Jesus ein Ende. Dieser Zerstörung setzt er Grenzen. Denn da ist endlich einer, der nicht auch noch auf denen herumtrampelt, die ohnehin schon lange genug auf dem Boden liegen.

Ein Fragezeichen taucht allerdings auf. Wenn hier steht: Jesus heilte alle Krankheit und alle Gebrechen, dann bleibe ich bei dem Wort „alle" hängen. Ich erinnere mich an Fürbitten und Gebete um Heilung, die keine erkennbaren Folgen hatten. Wie passt das zu dem „alle" aus unserem Predigttext?
Eine erschöpfende Antwort kann ich auf diese Frage nicht geben. Nur einen Versuch in zwei Bruchstücken, ohne Anspruch auf Vollständigkeit.

Zunächst entnehme ich dem Text, dass sich Jesus allen zuwendet, und dass er allen leidenden Menschen nahe ist, auch, wenn die organische Krankheit weiter besteht oder gar voranschreitet. Wie tief ein Mensch auch immer fallen mag in seinem Leid und in seiner Einsamkeit: Jesus ist schon da und geht mit. Und wo diese Zuwendung und Nähe spürbar werden, kann Leben eine neue Qualität bekommen in aller Gebrechlichkeit, Begrenztheit und Gefährdung. Das griechische Wort für heilen bedeutet ja auch dienen. Selbst dort, wo Heilung im Sinne moderner Medizin ausbleibt, ist Jesus da, um Menschen zu dienen. Mit seinem Trost und mit dem Versprechen, dass das nicht alles war..

Und dann: Heilung geschieht ja doch. Immer wieder. Aber sie ist nicht verfügbar für uns. Es ist und bleibt Gott, der heilt. Es gibt keine magische Gebetsformel und kein ausgeklügeltes Ritual, das ihm das abzwingen kann. Er entscheidet, wann und wie er es tut. Oder eben nicht. Und wenn nicht, dann liegt es nicht daran, dass da jemand falsch gebetet oder irgendeinen frommen Trick verabsäumt hat, sondern daran, dass

Gott weiter sieht. Das ist schmerzhaft, und man möchte ihn gelegentlich gerne fragen, was er sich dabei denkt. Und doch: Jede Heilung, die geschieht, ist schon ein kleiner Abglanz von der Zukunft Gottes, in der alles ganz und heil sein wird. Das ändert im Moment nichts an der äußeren Situation eines kranken Menschen. Aber es nimmt ihr etwas von ihrer scheinbaren Endgültigkeit.

Punkt Zwei: Jesus kennt und nennt uns beim Namen.
Aus der Erfahrung in meinem Beruf weiß ich, wie gut es Menschen tut, mit ihrem Namen angesprochen zu werden. Da geht ein Leuchten über die Gesichter, besonders, wenn ich mich vielleicht schon bei der zweiten Begegnung an den Namen erinnere. Das signalisiert meinem Gegenüber: Du bist mir wichtig. Ich interessiere mich für dich. Ich wende mich dir zu. Du bist für mich einzigartig.
Und ich weiß aus Erzählungen, dass es sehr motivierend für Mitarbeiter ist, wenn der Chef einmal eine Runde durch seinen Betrieb macht und dabei die, denen er begegnet, mit ihrem Namen anspricht, selbst wenn er aufgrund der Größe seiner Firma unmöglich alle Namen wissen kann und sich vielleicht durch einen Blick auf das Namensschildchen weiterhelfen muss.
In der Bibel werden Menschen, die von Gott Hilfe erfahren, oft ihrem Namen oder zumindest ihrer Herkunft nach benannt. Das zeigt, dass es Gott um jeden einzelnen, um jede einzelne geht. Jede Geschichte ist wichtig, und es ist wichtig, dass genau dieser Mensch genau diese Geschichte mit Gott erlebt.
Die Bibel nennt auch die Jünger Jesu beim Namen. Das heißt für mich: Es kommt auf jeden einzelnen an. Jeder ist geschätzt und wertvoll. Ihr seid keine gesichtslosen Nummern, die zu zehntausenden gestrichen werden, wenn die Steigerung des Shareholder Value es erfordert. Auch,

oder gerade weil sich mit diesen Namen Geschichten von Scheitern und Versagen verbinden. Finden sich darunter doch Verräter und Verleugner, Menschen, die die Lieblinge ihres Anführers davonjagen wollen, Leute, die in der schlimmsten Nacht der Geschichte schlafen, anstatt mit ihrem Freund zu wachen und zu beten, solche, die sich schwer tun, das zu glauben, was ihnen ihre Geschwister bezeugen.
Die Geschichten, die sich mit den Namen verbinden, sagen uns: Es spielt keine Rolle, ob wir perfekte Mitarbeiter sind. Wir sind in jedem Fall willkommen. Gott kann und will uns gebrauchen, auch wenn wir scheitern, denn gerade dann kapieren wir erst, aus wessen Kraft wir wirklich leben. Gott lässt sich durch unser Versagen nicht entmutigen, sondern er macht etwas daraus. Er führt sein Unternehmen weiter und schreibt auch auf den krummen Zeilen meines Lebens seine Geschichte gerade weiter. Er kommt zum Ziel. Für mich. Mit mir. Trotz mir.

Punkt Drei: Jesus achtet auf seine Mitarbeiter.
Er weiß, dass er es mit schwachen und anfälligen Menschen zu tun hat. Darum lässt er sie nicht auf sich allein gestellt. Er schickt sie immer zu zweit los. Keine Einzelkämpfer, sondern Teamspieler, die einander stützen und entlasten, korrigieren und ermutigen, und je nach Bedarf antreiben oder einbremsen können.
Und wenn die Arbeit wirklich zu viel wird, geht er die Sache nicht mit Druck an.
Auf so naheliegende Dinge wie Überstunden, Urlaubssperre, Streichung der Pausen, Beschleunigung der Arbeitsprozesse, Kürzung der Zeit pro Patient, kommt Jesus nicht. Ein Manager heute würde vielleicht sagen: Die Ernte ist groß, also schlaft weniger, verzichtet auf euren Urlaub, macht durch, beeilt euch, vertrödelt nicht so viel Zeit mit jedem Einzelnen. Jesus findet einen anderen Zugang. Er stellt, ganz unerwartet

für unser Denken, neue Kolleginnen und Kollegen in Aussicht. Bittet den Herrn der Ernte, dass er Arbeiter in seine Ernte sende.
Das finde ich schön, denn damit sagt er mir:
Du brauchst dich nicht kaputt zu schuften.
Du musst nicht alles alleine machen.
Du darfst Hilfe in Anspruch nehmen, Aufgaben weitergeben.
Du darfst Pausen machen, wenn du an deine Grenzen kommst.
Das alles ist nicht nur geduldet, sondern wesentlicher Teil unserer Betriebsphilosophie.
Der Dienst an meiner Sache soll keinen einsam machen.

Punkt Vier: Jesus gibt seinen Leuten weitreichende Vollmachten.
„Jesus gab ihnen Vollmacht über die unsauberen Geister, dass sie die austrieben und heilten alle Krankheit und alle Gebrechen."
Wenn von unsauberen Geistern und deren Austreibung die Rede ist, denken wir vielleicht allzu schnell an irgendwelche Horrorfilme, die besser nie gedreht worden wären. Damit sind wir auf einer völlig falschen Fährte.
Jesus macht uns nicht zu Zauberkünstlern, die medienwirksam und nach eigenem Gutdünken mit dem Leben anderer Menschen jonglieren, nur um zu zeigen, wie stark und wie gut sie doch sind.
Aber ganz sicher befähigt er seine Leute, die Menschen mit seinen Augen zu sehen. Mit den Augen der Liebe, die zuerst die Bedürftigkeit sehen und dann das Fehlverhalten. Mit dem Blick, der die Menschen nicht auf Distanz halten muss, sondern sich auf Nähe einlassen kann.
Und daraus wächst die Macht, böse Geister auszutreiben. Jene bösen Geister, die Menschen unterwerfen und entstellen. wie den Geist des Hasses, des Neides, der Resignation.

Er, Jesus, gibt uns die Kraft, Augen zu öffnen, die blind waren für die Schönheit von Gottes Schöpfung, Zungen zu lösen, die sich nicht mehr getraut haben, über ihre Gefühle zu sprechen, Menschen in Bewegung zu bringen, die immer nur darauf gewartet haben, dass der oder die andere den ersten Schritt tut.

Er vertraut uns schwierige Aufgaben an, aber er gibt uns auch das nötige Werkzeug dazu.

Und wenn wir uns im Vertrauen auf seine Hilfe auf die Seite der leidenden Mitmenschen stellen, begegnen wir dort auch ihm und seiner Kraft. Denn dort, genau dort, ist er anzutreffen.

Liebe Gemeinde, diese vier Dinge möchte ich heute für mich mitnehmen und Ihnen mitgeben:

Jesus stellt sich ganz zu den Menschen.

Jesus kennt und nennt uns beim Namen.

Jesus achtet auf seine Mitarbeiter.

Jesus gibt seinen Leuten weitreichende Vollmachten.

So sehe ich den heutigen Predigttext als Einladung zur Mitarbeit. Zur Mitarbeit in einem ganz besonderen Unternehmen:

Einem Unternehmen mit einem besonders lohnenden Ziel.

Einem Unternehmen mit einem besonders hohen Wachstumspotenzial.

Einem Unternehmen mit einer besonderen Wertschätzung und Sorge für seine Mitarbeiter.

Ein Computer befindet sich statistisch gesehen schon in fast jedem Haushalt.

Nun wird es Zeit für die gute Nachricht von der Liebe Gottes zu den Menschen und vom Geschenk des ewigen Lebens.

Die frohe Botschaft ist auf dem Weg.

Die Ernte ist noch lange nicht eingebracht.

Mitarbeiter sind jederzeit willkommen.

Ist es nicht schön, dabei zu sein?

Amen

Markus 12,28-34

18. Sonntag nach Trinitatis

11. Oktober 2009

Ev. Kirche Schärding/Oberösterreich

Liebe Gemeinde!

Vor einigen Jahren schenkte mir meine Schwester zum Geburtstag ein Buch mit dem Titel „Lexikon der populären Irrtümer". Dabei handelt es sich um ein Stück äußerst kurzweiliger Lektüre, das mit verschiedenen weit verbreiteten Fehlmeinungen aufräumt, wie zum Beispiel der Ansicht, dass das 3. Jahrtausend am 1. Jänner 2000 begonnen hätte, die Freiheitsstatue in New York stünde oder Spaghetti eine italienische Erfindung wären.
Damit Ihre Gedanken in den kommenden 15 Minuten nicht um die soeben genannten Irrtümer kreisen, gleich die dazugehörigen Richtigstellungen: Das 3. Jahrtausend begann mit dem 1. Jänner 2001, die Freiheitsstatue steht in New Jersey und die Spaghetti haben ihren Ursprung in China.

Unser heutiger Predigt-Text ist auch geeignet, ein paar ziemlich gängige Irrtümer aus der Welt zu schaffen, und fünf davon möchte ich im folgenden mit Ihnen betrachten und bei dieser Gelegenheit einer Aufklärung zuführen.

Irrtum Nummer 1: Jesus war grundsätzlich gegen die Schriftgelehrten eingestellt.

Jesus war ja selbst Jude und ein Gelehrter der Heiligen Schriften des Volkes Israel. Immer wieder griff er auf sein diesbezügliches Wissen zurück, wenn es darum ging, den Sinn seines Kommens verständlich zu machen. Ganz besonders deutlich wird das bei Matthäus in der Geschichte von der Versuchung Jesu, in der Satan falsch interpretierte Schriftzitate benutzt, um Jesus von seinem Weg abzubringen und von diesem mit Worten aus eben dieser Schrift zurückgewiesen wird.
Und Markus zeigt uns in diesem Abschnitt einen Jesus, der mit großer Wertschätzung einem fragenden Schriftgelehrten begegnet. Das Entscheidende dabei ist, in welcher Haltung und mit welcher Absicht die Frage gestellt wird. An anderen Stellen stoßen wir auf Menschen, die sich selbst rechtfertigen oder Jesus eine Falle stellen wollen. Sie dürfen nicht damit rechnen, dass ihre Absichten aufgehen. Die Ignoranz und die Bosheit, die hinter ihrem Fragen stehen, fallen auf sie selbst zurück. Denn Jesus sieht in unsere Herzen. In ihm ist ja der Gott gegenwärtig, von dem es in Psalm 139 heißt: „Du verstehst meine Gedanken von Ferne".
Aber hier handelt es sich um ein ernsthaftes, aufrichtiges Gespräch zwischen zwei Juden, die ihren Blick gemeinsam auf den Kern, die Quintessenz ihres Glaubens, richten.
„Welches ist das vornehmste Gebot von allen?"
Die gegenseitige Wertschätzung zeigt sich unter anderem darin, dass der Frager die Antwort Jesu annimmt, aufgreift, zitiert und weiterführt – „Meister, du hast wahrlich recht geredet, ... das ist mehr als alle Brandopfer und Schlachtopfer", und dass Jesus ihn in seiner Aussage bestätigt und ermutigt: ..er sah, dass er verständig antwortete und sprach zu ihm: „Du bist nicht ferne vom Reich Gottes".
Und so ergeht heute eine Herausforderung an mich. Nämlich: Mit welcher Gesinnung stelle ich meine Fragen? Geht es mir darum, mit

Spitzfindigkeiten zu glänzen? Geht es mir darum, einen anderen Menschen destruktiv in die Enge zu treiben und zu verunsichern?
Dann wird mein Fragen angesichts der Ernsthaftigkeit Jesu bald verstummen, wie es auch im Text heißt: Und hinfort wagte niemand mehr, ihn zu fragen.
Oder bin ich ehrlich auf der Suche nach dem Kern meines Glaubens, nach dem, worauf es wirklich ankommt?
Wenn das so ist, bin ich überzeugt: Mein Fragen wird nicht unbeantwortet bleiben. Allerdings kann es sein, dass ich nicht das zu hören bekomme, was ich erwartet habe. Mit der einen oder anderen Überraschung ist dann schon zu rechnen. Möglicherweise herausfordernd oder unbequem. Dafür muss Platz sein. Aber lohnend ist ein solches Fragen auf jeden Fall.

Irrtum Nummer 2: Glaube ist mit Vernunft nicht zu vereinbaren.
Wir werden aufgefordert, oder besser: eingeladen, Gott zu lieben. Nicht nur mit unserem Herzen, sondern auch „von ganzer Seele, von ganzem Gemüte und von allen deinen Kräften“, also auch ausdrücklich mit unserem Verstand, mit allem, was unser Dasein ausmacht. Mit allem, was wir von Gott geschenkt bekommen haben.
Ihn damit lieben heißt: Erkennen, dass ich alles, was ich habe, von ihm habe. Heißt: Es ihm wieder zur Verfügung stellen, so wie er es gerade gebrauchen will.
Vom Standpunkt des Glaubens die Möglichkeiten des Verstandes abzuwerten, heißt eine große Gabe Gottes gering zu schätzen und ist genauso kurzsichtig, wie Glaubensinhalte aufgrund von wissenschaftlichen Erkenntnissen abzulehnen, die ja von Natur aus immer vorläufigen Charakter haben.

Abgesehen davon ist der Gegenstand der Wissenschaft ja die Frage nach dem „Wie“, während sich der Glaube mit der Frage nach dem „Warum“ und dem „Wozu“ beschäftigt.
So erscheint mir die Behauptung, Glaube lasse sich mit einem kritischen Verstand nicht vereinbaren, nicht schlüssig. Gott ist weder zu beweisen noch zu widerlegen. Wir haben in Wahrheit nicht die Wahl zu glauben, oder nicht zu glauben. Die Entscheidung fällt lediglich zwischen dem Glauben an Gottes Existenz oder dem Glauben an seine Nicht-Existenz. Sie fällt vor der wissenschaftlichen Erkenntnis. Die Daten und Befunde aus der Forschung werden dann lediglich so interpretiert, dass sie in das jeweilige Weltbild passen, sei dieses nun Gott-bezogen oder Gott-los.
Also: Keine Angst vor der Wissenschaft. Sie kann dem Staunen über unseren genialen Schöpfer eine neue Tiefe geben. Und keine Angst vor dem Glauben an den Schöpfergott: Er verbietet uns nicht, uns der Welt voller Neugier zuzuwenden. Er hilft uns aber, mit dem, was wir entdecken, so umzugehen, dass es zum Segen wird und nicht zum Fluch.

Irrtum Nummer 3: Der Christliche Glaube hat mit dem Judentum nichts zu tun.
Gerade in diesem Gespräch wird deutlich, wie tief Jesus im Glauben seiner irdischen Väter und Mütter verwurzelt ist. Er zitiert zwei zentrale Stellen aus der Tora – 5.Mose 6,4-5 und 3.Mose 19,18 und verbindet sie in einer Weise, die absolut schlüssig ist, und die, wie die theologische Literatur sagt, auch unter zeitgenössischen jüdischen Gelehrten gängig war.
Das „Sch´ma Israel“, der Satz: „Höre Israel, der Herr ist unser Gott, der Herr allein. Und du sollst den Herrn, deinen Gott liebhaben von ganzem Herzen, von ganzer Seele und mit aller deiner Kraft“ ist bis heute

Kristallisationspunkt jüdischer Frömmigkeit, findet sich als Inschrift auf Gebetsriemen und Türstöcken und wird zweimal täglich zitiert.
Für uns als Christen bleibt er als Teil des ersten Gebotes gültig, und uns als Evangelischen ist bekannt, dass Luther in seinem kleinen Katechismus die Erklärungen zu allen Geboten mit den Worten einleitet: „Wir sollen Gott fürchten und lieben, auf dass wir...".
Erinnern möchte ich an dieser Stelle daran, dass in unserer Überlieferung ein wesentlicher Teil des ersten Gebotes verloren gegangen ist, nämlich das Bilderverbot, und dass wir dafür das zehnte Gebot der Bibel in zwei Gebote aufgeteilt haben, um die Anzahl von 10 wieder zu vervollständigen. In der Schriftlesung vorhin haben wir es gehört. Lassen wir uns vom ersten Testament unserer Bibel in dieser Hinsicht ermahnen, und wir werden umso mehr feststellen:
Ein Auseinanderdividieren von Christen und Juden ist vor diesem Hintergrund unmöglich.
Der Apostel Paulus schreibt im Römerbrief im elften Kapitel von seiner Vision, dass „ganz Israel gerettet wird". Der Messias, auf den das Volk Israel wartet und dessen Wiederkunft wir als Christen herbeihoffen und -sehnen, ist ein und derselbe. Ich bin fest davon überzeugt: Die Hoffnungen und Sehnsüchte von Juden und Christen werden in der selben Person ihre Erfüllung finden. Eine tiefere Verbindung zwischen den Glaubenden verschiedener Linien ist nicht denkbar.

Irrtum Nummer 4: Im heutigen Text geht es um ein zweifaches Gebot der Liebe.
„Du sollst Gott lieben", heißt es da, „und deinen Nächsten wie dich selbst". Die letzten drei Worte – „wie dich selbst" - gehen bei der Lektüre

dieser Stelle häufig unter. Das ist bedauerlich, sind sie doch Maßstab und Voraussetzung für die Liebe zu meinem Nächsten.
So gesellt sich zum Gebot der Gottes- und Nächstenliebe hier ausdrücklich ein Gebot der Selbstliebe. Nicht anstatt meiner selbst, sondern wie mich selbst, soll ich meinen Nächsten lieben.
Ganz deutlich wird das, wenn ich mir klar mache: Der, der zuerst und bis zuletzt geliebt hat, liebt und lieben wird, ist Gott. Seine Liebe, die Quelle und Grund für alles andere ist, gilt mir im gleichen Maß, wie meinem Nächsten, meiner Nächsten.
Ja, du Fremder in der Straßenbahn, der du mir mit deinem Drängeln und Meckern auf die Nerven gehst: Für dich ist Gott Mensch geworden und in den Tod gegangen.
Und ja, für mich selbst auch, der ich oft so vorschnell, ungerecht und überheblich über andere urteile. Der ich oft feige und unklar bin.
Deshalb gehören wir zusammen, ob es uns passt oder nicht, verbunden durch die Tatsache, dass wir beide von Gott geliebt sind.
Eine Dreiecksbeziehung tut sich auf. Gottes Liebe erfüllt mich mit Dankbarkeit und gibt mir die Kraft, weiterzulieben, damit ein Mensch Liebe erfährt, und vielleicht Gott kennen lernen, von ihm gefunden werden und schließlich ihn loben und lieben kann.
Das erinnert mich an die Situation, wenn ich einem Verunglückten erste Hilfe leiste und ihn beatme. Ihm stets nur die selbe verbrauchte Luft in die Lunge zu blasen wird ihn und mich selbst in Gefahr bringen. Ich muss mich immer wieder auch der frischen Luft zuwenden und Atem holen. Das dient nicht nur meiner eigenen Gesundheit, sondern ist auch Voraussetzung für das Gelingen meiner Hilfeleistung.
Nur wenn das Dreieck: „Gott – Nächster – Ich“ aufgespannt bleibt, kann das Ganze funktionieren.

Mein Nächster, so zeigt Jesus im Gleichnis vom barmherzigen Samariter auf, ist der, den mir Gott gerade in den Weg legt, der mich aufhält, behindert, irritiert. Egal, ob das die Nachbarin ist, die nach der gescheiterten Ehe und dem Jobverlust nicht mehr auf die Füße zu kommen scheint, oder ob es sich um ein Hilfsprojekt am anderen Ende der Erde handelt, von dem ich scheinbar zufällig im Radio höre: Hinhören ist gefragt, Hinsehen, Hingehen und Zupacken. Diese Zuwendung kennt keine Grenzen. Die Bibel nennt ausdrücklich auch den Fremdling als den, dem meine Aufmerksamkeit zu gelten hat (3.Mos19,34). Wenn sich die Europäische Union den Begriff Solidarität auf ihre Fahnen heftet und diese Solidarität in Lampedusa oder bei der Sahara endet, dann ist das nicht nur peinlich, sondern zutiefst verlogen. Menschen sind mir vor die Füße gelegt und ich bin gefordert zu handeln. Nicht weil ich mir oder Gott etwas beweisen muss, sondern weil ich sein geliebtes Kind bin. Und alle anderen auch.

Irrtum Nummer 5: Die Gebote Gottes schränken die Freiheit der Menschen ein.

Die Gebote, die Gott seinem Volk gibt, werden eingeleitet mit den Worten: „Ich bin der Herr dein Gott, der dich aus Ägyptenland geführt hat“.

Es handelt sich also ausdrücklich um die Grundlage für ein Leben in Freiheit. Einem Volk von Befreiten geschenkt von einem Gott, der ein Leben in Freiheit will und ermöglicht.

Die einzige Grenze meiner Freiheit ist dort, wo die Freiheit des anderen beginnt.

Das Gebot der Gebote ist das Dreifach-Gebot der Liebe. Alle anderen Gebote sind quasi Durchführungshilfen. Wichtig, hilfreich, präzisierend.

In guter Absicht schufen die Pharisäer noch weitere Regeln. 365 Verbote und 248 Vorschriften. Gedacht als Hinweise zum Einüben in ein Leben nach dem einen großen Gebot.

Aber wenn menschliche Gebote und Regelwerke mich auf dem Weg der Liebe behindern, kann es gefordert sein, sie zu übertreten.

Ohne die Liebe verkommen die Gebote und Gesetze tatsächlich zu einem starren Korsett, das Leben einschränkt, anstatt es zu fördern. Belebt durch die Liebe können zwar manche Detailbestimmungen an Bedeutung verlieren, aber Leben kann gedeihen und findet den geschützten Raum, in dem es zu seiner vollen Entfaltung kommen kann.

Einer der zentralen Konflikte zwischen Jesus und den geistlichen Amtsverwaltern seiner Zeit hatte seine Wurzel ja darin, dass Jesus am Sabbat heilte. Er ignorierte eine religiöse Regel, weil das Handeln im Namen der Liebe Gottes keinen Aufschub duldete. Das erregte den Ärger der Frommen, die die Regeln schon längst über den Menschen gestellt hatten, dem zu dienen sie ursprünglich ersonnen worden waren.

Das Gebot der Liebe ruft in eine ganz große Freiheit, die aus dem Wahrnehmen einer ganz großen Verantwortung erwächst.

Augustinus werden die Worte zugeschrieben: „Liebe – und dann tu, was du willst“, und der Theologe Hans-Joachim Eckstein führt den Gedanken fort, wenn er in seinem äußerst empfehlenswerten Buch „Du liebst mich - also bin ich“ schreibt (Hänssler, 1996, Seite 41): „Wenn ich nicht mehr unter dem Gesetz bin, sondern unter der Gnade, kann ich endlich tun und lassen - was Christus will!“.

In diesem Sinne: Willkommen in der Freiheit der Kinder Gottes!

Amen

Lukas 1,26-38

4. Sonntag im Advent

19. Dezember 2010

Ev. Kirche Schärding/Oberösterreich

Psalm (nach Hoffnung für alle)

Von ganzem Herzen preise ich den Herrn. Ich bin glücklich über Gott, meinen Retter. Ohne Ende kümmert er sich in seiner Barmherzigkeit um alle, die ihn fürchten. Unübersehbar handelt Gott in der Welt. Die Stolzen bekommen seine Macht zu spüren. Er stürzt Herrscher von ihrem Thron, doch Unterdrückte richtet er auf. Die Hungrigen beschenkt er mit Gütern, und die Reichen schickt er mit leeren Händen weg. Seine Barmherzigkeit hat er uns zugesagt, ja, er wird seinem Volk Israel helfen. So hat er es unseren Vätern, Abraham und seinen Nachkommen, für immer verheißen. (Lukas 1,46-47;50-55)
Aus dem Königshause seines Dieners David hat er uns den starken Retter geschickt. So hatten es seine heiligen Propheten schon vor langer Zeit verkündet: Er wird uns von unseren Feinden erretten und aus der Hand aller Menschen, die uns hassen. Gott war mit unseren Vorfahren barmherzig. Er vergisst seinen heiligen Bund nicht, den Eid, den er unserem Vater Abraham geschworen hat, und der auch für uns gilt. Er befreit uns aus der Hand unserer Feinde, damit wir ihm ohne Furcht unser Leben lang dienen, als Menschen, die ihm gehören und nach seinem Willen leben. (Lukas 1,69-75)

Lesung: Lukas 1,5-25

Liebe Gemeinde!

Während meines Pharmaziestudiums an der Universität in Graz hatte ich auch zwei Semester lang Vorlesungen in Biochemie. Einige dieser Lektionen sind mir bis heute ganz besonders in Erinnerung.
Es ging um die Frage, wie die Herstellung von Eiweißbausteinen nach dem in den Genen gespeicherten Informationen vor sich geht. Ein komplexes Zusammenspiel verschiedener chemischer Reaktionen, die in ihren Grundzügen jedoch wieder verblüffend einfach sind. Vier verschiedene Bausteine genügen, um in immer wieder variierender Abfolge alles zu erfassen, was für die Organisation und den Betrieb eines menschlichen Körpers notwendig ist.
Ich kam aus dem Staunen gar nicht mehr heraus, einem Staunen, das direkt in eine Ehrfurcht vor und in ein Lob für unseren Schöpfer mündete. Dass ich ihm in dieser Vorlesung quasi ein wenig über die Schultern schauen durfte, war ein Eindruck, den ich nicht vergessen werde. Und es löste in mir eine Haltung aus, die ich seitdem immer wieder einzunehmen suche: Ein gläubiges Staunen.
Dem gegenüber steht das leider viel mehr verbreitete ungläubige Staunen. Das Staunen, das zwar die Natur bewundert, sich aber weigert, hinter der Schöpfung den Schöpfer, hinter dem Kunstwerk den Künstler zu sehen. Das zwar die Genialität und Schönheit in der Welt erkennt, aber alles dem mysteriösen Zufall zuschreibt und dann zu nebulosen Formulierungen greifen muss wie: „Da bildeten sich…“ oder „Da entstanden…“.

Um zwei Qualitäten des Staunens geht es auch in den beiden vorhin – als Lesung und als Predigttext - gehörten Geschichten. Zwei Geschichten, in denen von ganz unerwarteten Dingen die Rede ist. Zwei

Geschichten, die einiges gemeinsam haben, die sich beim ersten Hinhören auch kaum voneinander unterscheiden, und die doch so unterschiedlich verlaufen.

Sowohl Zacharias als auch Maria werden mit der Verheißung konfrontiert, ein Kind zu bekommen. Bei beiden sprechen handfeste Gründe dagegen. Und beide hinterfragen die Botschaft des Engels, der aus der unmittelbare Nähe Gottes in ihr Leben tritt.
Ich konnte zunächst auch keinen Unterschied feststellen zwischen der Frage des Zacharias: „Woran soll ich das erkennen?“ und jener der Maria: „Wie soll das zugehen?“. Nur die Reaktion des Engels zeigte mir, dass da etwas grundlegend anderes geschehen sein musste. Gott sieht in unsere Herzen. Er hört und sieht die Unterschiede, die für uns unhörbar und unsichtbar sind. Wir hingegen sind davor gewarnt, allzu schnelle Schlüsse bezüglich der Einstellung anderer Menschen zu ziehen. Während bei Zacharias die begründete Ablehnung dominiert, steht bei Maria das neugierige erwartungsvolle Vertrauen im Vordergrund. Und wo Zacharias verstummt, hört man bei Maria die vertrauensvolle Zustimmung zu Gottes Plan.

So weit so gut. Nun stellt sich aber die Frage, was diese beiden spektakulären Berichte mit mir und meinem Leben, mit Ihnen und Ihrem Leben zu tun haben. Beim Nachdenken über diese Frage stieß ich auf vier Merkmale der Geschichten, die durchaus auf unser Leben übertragbar sind.

Erstens: Gott hat mit jeder und mit jedem etwas Besonderes vor.
Ein guter Freund von mir sagte einmal, dass alle meine Handlungen und alle meine Unterlassungen, wie er es nannte, „Ewigkeitsbedeutung“

haben. Dass alles, was ich tue oder eben nicht tue, unüberschaubare Konsequenzen hat. Das kann mir einerseits Mut machen, auch kleine Schritte zu gehen, kleine Aktionen zu setzen. Ich denke da an eine junge Frau aus unserer Gemeinde in Wallern. Sie hat die Angewohnheit, wenn sie in der hektischen Vorweihnachtszeit einkaufen geht, an Verkäufer und Kassiererinnen jene kleinen Kärtchen der Marburger Medienstelle zu verteilen, die neben einem Stückchen Schokolade oder einem Teebeutel auch einen kurzen bibelbezogenen Text enthalten. Mag schon sein, dass 99 Prozent davon nur als Süßigkeiten wahrgenommen werden und ansonsten ungelesen im Müll landen. Aber tut nicht schon allein die Tatsache gut, einen Moment lang nicht als Dienstleister oder Umsatzträger, sondern als Mensch mit Bedürfnissen erkannt zu werden? Und was ist mit dem einen Prozent, das kurz innehält um den Text zu lesen und das diese Worte dann eine Zeitlang mit sich herumträgt? Was Gott im Einzelfall daraus machen kann übersteigt wahrscheinlich unser aller Vorstellungsvermögen. Es ist für mich ein wunderbarer Gedanke, dass die Frau aus unserer Gemeinde bei Gottes großem Festmahl vielleicht einmal am Tisch sitzen wird mit einem Menschen, dem sie damals, zur Zeit des alten Himmels und der alten Erde, so ein unscheinbares Kärtchen zugesteckt hat.
Gott hat mit jedem etwas Besonderes vor, alles, was ich tue hat immense Bedeutung. Das will mir Mut machen. Es will mich aber auch zur Wachsamkeit ermahnen. Ein unbedacht dahingesagtes Wort kann Verletzungen und Kettenreaktionen auslösen, von deren Folgen ich vielleicht nie erfahre. Und einmal Wegschauen und Schweigen kann Dinge zulassen, die weit über meinen Ort und meine Zeit hinaus Wirkung zeigen. Es gibt für Gott keine unbedeutenden Menschen. Nicht der alte Priester in Jerusalem. Nicht die junge Frau in Nazareth. Nicht der kleine

Apothekenmitarbeiter in Bad Schallerbach und nicht ein einziges Mitglied der Gemeinde in Schärding.

Zweitens: Gott spricht uns an, mitten im Alltag.
Weder Zacharias noch Maria befinden sich in einer besonderen, für sie ungewöhnlichen Situation, als sie von Gottes Botschaft erreicht werden. Zacharias ist zwar im Tempel, aber das ist für ihn der Ort seines Alltags, der Platz seiner regelmäßigen Aufgaben und Verrichtungen. Und Maria befindet sich vermutlich gerade zu Hause, mit ihrer ganz normalen Arbeit beschäftigt. Und später die Hirten: Auf dem Felde bei den Hürden, ihre Herde hütend. Und wieder später Matthäus: In seinem Zollhäuschen, beim Einheben der fälligen und nicht ganz so fälligen Abgaben.
Das heißt für mich: Der Alltag, die Heimat, können jeden Augenblick zum heiligen Land werden, auf dem mir Gott begegnet und mich anspricht. Wie er es bei dem Flüchtling und Hirten Moses getan hat in dem brennenden und doch nicht verbrennenden Dornbusch. Es braucht nicht die großen Momente, die nur die Gebildeten und Kultivierten zu schaffen vermögen oder die speziellen Orte, zu denen es nur die Wohlhabenden und Durchtrainierten schaffen.
Mein Alltag und Ihr Alltag ist für Gott kein Hindernis, in mein, in Ihr Leben zu treten. Ich wünsche uns, dass er auch für uns kein Hindernis ist, ihn zu erkennen.

Drittens: Gott begegnet uns nicht nur mit einem Auftrag, sondern auch mit einem Zuspruch.
Immer wieder hören Menschen, denen Gott begegnet, zuallererst ein freundliches „Fürchte dich nicht!". Und das ist gut so. Denn wenn einen die Klarheit des Herrn umleuchtet, wenn also jemand sich selbst und sein Leben im Licht von Gottes Wahrheit erblickt, dann können einem

schon die sprichwörtlichen „Grausbirnen“ aufsteigen. Dass uns Gott grundsätzlich und unverrückbar wohlgesonnen ist, muss uns wohl immer wieder gesagt werden. Gut, dass es gegenüber Maria nicht nur als frommer Wunsch formuliert wird: „Der Herr SEI mit dir!“, sondern als klare und deutliche Zusage: „Der Herr IST mit dir!“. Er ist auf deiner Seite. Zum Fürchten ist nicht Gott, sondern das, was ich im Licht seiner Klarheit an mir und um mich herum erkennen muss. Gott ist nicht der, vor dem wir fliehen und uns verstecken müssen, sondern der, bei dem wir Zuflucht finden.

Die Vorstellung, dass mir Gott in jedem Menschen, der etwas von mir braucht, gegenübertritt, ist eine traditionell christliche und entsprechend weit verbreitet. Aber wie steht es mit dem Gedanken, dass auch hinter einem dankbaren: „Gut, dass du heute da bist“ und hinter einem erleichterten: „Jetzt haben Sie mir aber sehr geholfen“ ebenfalls Gott stehen kann, der mir Mut machen will, meinen Weg weiterzugehen, meinen Alltag anzunehmen und zu gestalten? Ich denke, es lohnt sich, aufmerksam hinzuhören, was mir gesagt wird. Nicht nur auf die Herausforderungen, die es zweifellos gibt, sondern auch auf die ebenso wichtigen Worte des Trostes und der Ermutigung.

Viertens: Gott hört und beantwortet Fragen, wenn sie vertrauensvoll gestellt werden.

Wenn eine Frage ein verkleideter Vorwand ist, sich nicht auf Gott einzulassen, wird sie nicht oder zumindest nicht direkt und sofort eine Antwort finden. Denn eine Antwort auf eine falsch gestellte Frage hilft dem Betroffenen nicht weiter.

Wird jedoch das Ziel nicht in Frage gestellt, sondern nur nach dem besten Weg dorthin gefragt, geht das Fragen mit Sicherheit nicht ins Leere.

Da liegt meines Erachtens der Unterschied:
Maria hat zwar auch ihre Fragen, aber sie ist grundsätzlich bereit, Gottes Wege mitzugehen. Bei Zacharias hat der Zweifel anscheinend die Oberhand. Deshalb entwickeln sich die beiden Geschichten in der Folge so unterschiedlich.
Zum Schluss noch eines: Selbst Zacharias, dem ich mit meinem Kleinglauben allzu oft gleiche, bleibt nicht in der Sprachlosigkeit stecken. Auch er darf erleben, dass Gottes Versprechen halten. Das Schweigen hat nicht das letzte Wort. Am Ende kann Zacharias einstimmen in den Lobgesang der Maria, ihn fortsetzen, dass er wie aus einem Guss klingt. Der Psalm, den wir heute gehört haben, beginnt mit dem Magnifikat, dem Lobgesang der Maria, und geht nahtlos über in das Lied des Zacharias.

So ist der Advent eine große Einladung und zugleich Herausforderung an mich:
Bin ich offen dafür, ja, halte ich es überhaupt für möglich, dass mir Gott begegnet? Oder reichen mein Blick und mein Gehör nur bis zur nächsten Erledigung?
Kann ich aus tiefstem Herzen sagen: „Mir geschehe, wie du gesagt hast!"? Oder ist das allsonntägliche „Dein Wille geschehe!" genauso unbedacht dahingesagt wie so manches „Grüß Gott!" oder „Gott sei Dank!"?
Weiß ich, dass mit dem Kind in der Krippe der Verteidiger das Wort ergriffen hat, oder nagt noch immer die Sorge in mir, es könnte doch der Staatsanwalt sein?
Ist mein Reden und Handeln geeignet, Gott zu loben und ihm zu danken? Oder erwecke ich den Eindruck, mein Leben aus eigener Kraft,

bestenfalls mit Hilfe von Banken, Fitnessgurus und den richtigen Beziehungen zu meistern?

In dem Spannungsfeld dieser Fragen lebe ich mein Leben als Christ.
Im Spannungsfeld dieser Fragen muss und will ich mir die Advents-Botschaft immer wieder neu sagen lassen:
Gott lässt seine Schöpfung nicht im Stich. Er ist gekommen, um mit ihrer Erneuerung zu beginnen. Und er wird kommen, um sie zu vollenden.

Amen

Lukas 10,25-37

13. Sonntag nach Trinitatis

14. August 2005

Ev. Kirche Wallern/Oberösterreich

Liebe Gemeinde!

Das ist ja eine ziemlich geläufige Stelle, über die ich heute mit Ihnen nachdenken möchte. Eine Geschichte, die selbst kirchenferne Menschen nacherzählen können. Einer jener „eh-schon-wissen“ Texte, bei denen ich Gefahr laufe, allzu schnell abzuschalten. Das ist schade, denn es gibt hier einiges zu entdecken, besonders abseits der gängigen Auslegungspfade.

Und so möchte ich Ihre Aufmerksamkeit heute auf einen Aspekt dieses Gleichnisses richten, der bisher wenig, vielleicht zu wenig, Beachtung gefunden hat.

Wenn wir in meiner Heimatgemeinde (Waiern in Kärnten) das Gleichnis vom Barmherzigen Samariter mit Kindern aufführten, gab es eine stets gleichbleibende Rangordnung hinsichtlich der Beliebtheit der Rollen.

Da waren zuallererst einmal die Räuber. Alle Buben wollten Räuber sein. Diese Rolle gab ihnen nicht nur Gelegenheit, Stärke zu demonstrieren. Sie konnten darüber hinaus ihr gesamtes Waffenarsenal zum Einsatz bringen und zur Schau stellen. Da sah man dann eine bis auf die Zähne bewaffnete Horde, die von Pfeil und Bogen über Ritterschwerter, Maschinengewehre, Macheten, Cowboypistolen und Raumschiffkanonen so ziemlich alles mit sich führte, was geeignet erschien, potenzielle Raubopfer in Furcht und Schrecken zu versetzen. Quer durch sämtliche

Epochen und Waffengattungen und sehr zum Entsetzen mancher nichtsahnender Gottesdienstbesucher.
Nicht ganz so weit vorne, aber aufgrund des hohen Sympathiewertes noch immer im Spitzenfeld, rangierte die Rolle des Samariters. Sie war auch immer schnell besetzt, übrigens meistens mit einem Mädchen.
Die Rolle des Opfers war unter den Schüchternen und Faulen noch recht gefragt, war sie doch eher passiv und mit keinem Text verbunden.
Weit abgeschlagen folgten dann die Unsympathler, der Priester und der Levit. Die Scheinheiligen. Die Negativbeispiele. Aber auch für sie konnten mit einiger Überredungskunst Darsteller gewonnen werden. Was ist denn schließlich eine gute Geschichte ohne die üblen Burschen.
Nur einen wollte keiner spielen. Nicht, weil die Rolle so aufwändig oder so negativ besetzt gewesen wäre, sondern, weil ihn schlicht und einfach alle übersehen haben: Den Wirt.

Dabei ist seine Rolle meines Erachtens die interessanteste, weil sie als einzige noch nicht zu Ende gespielt ist. Eine ganze Reihe Fragen kommen mir da in den Sinn:
Wird der Wirt den Verwundeten auftragsgemäß versorgen oder wird er anderen, interessanteren und lukrativeren Tätigkeiten nachgehen?
Wird er achtsam mit dem Geld des Samariters umgehen oder wird er die eine oder andere Münze für sich selbst abzweigen?
Wird er darauf vertrauen, dass der Samariter wiederkommt und, wenn Not am Mann ist, einen Vorschuss riskieren, oder wird er so leben, als wäre dieser seltsame Gast auf Nimmerwiedersehen abgereist?
Wird er korrekt abrechnen oder vielleicht einen kleinen Betrug inszenieren?
Die Rolle des Wirts lässt also einiges offen. Und sie bietet für uns, die wir in einem der reichsten Länder der Erde leben, einige

Identifikationspunkte. Der Wirt, der, den keiner spielen wollte, der, den alle übersehen, hat nämlich drei sehr wesentliche Dinge, die wir auch haben:

Der Wirt hat Mittel: „Er zog heraus zwei Silbergroschen und gab sie ihm.“ Er vertraute ihm Geld an. Eine ganze Menge Geld.
Der Wirt hat einen Auftrag: Pflege sein. Kümmere dich um ihn. Sorge für sie.
Und der Wirt hat eine Zusage, eine Verheißung: So du was mehr wirst dartun, will ich dir´s bezahlen, wenn ich wiederkomme. Wir sehen uns wieder. Und verlass dich darauf, du wirst nicht draufzahlen, wenn du großzügig bist.

Jesus verkörpert ja in idealer Weise den barmherzigen Samariter. Den, der nicht fragt, wer da Not leidet und warum, sondern einfach hilft. Von ihm haben wir als Wirte Mittel, Auftrag und Verheißung.

Die Mittel sind bei uns in Österreich in vielen Bereichen vorhanden. Lassen Sie mich das an zwei Beispielen veranschaulichen.
Beispiel Nahrungsmittel: Allein von dem, was in Österreich gesundheitsschädlich zu viel gegessen wird, können 200.000 Menschen leben. Und von den Kosten, die aus unseren Wohlstandskrankheiten erwachsen, mindestens noch einmal so viele. Wenn es heißt, das Boot sei voll, dann mag das schon stimmen. Aber nicht weil so viele drin sitzen, sondern weil ein paar wenige viel mehr Platz beanspruchen, als ihnen zusteht und als sie brauchen.
Beispiel Energie: Stellen Sie sich einen Energiesklaven vor. Das ist einer, der für Sie 12 Stunden am Tag ohne Pause mit der Leistung von einer halben Pferdestärke schuftet. Zur Zeit beschäftigt der

durchschnittliche US-Bürger 110 Energie-Sklaven. In Westeuropa sind es immerhin noch 60 Energiesklaven pro Person. In Bangladesch ist es einer. Soweit die Bestandsaufnahme. Und jetzt kommt das Interessante: Ökologisch vertretbar und nachhaltig möglich wäre es, wenn jeder Erdenbürger 15 Energiesklaven zur Verfügung hätte. Das entspricht etwa dem Stand der Schweiz im Jahr 1969. Nicht gerade ein niedriger Standard. Wenn also ein im Wohlstand lebender Europäer oder Nordamerikaner angesichts des Hungers in der Welt auf die Idee kommt, Gott anzuklagen, muss er möglicherweise mit einer Antwort rechnen, die etwa lautet: „Was willst du von mir? Es ist genug für alle da. Sorge du zuerst einmal für eine gerechte Verteilung!".
Er zog heraus zwei Silbergroschen und gab sie ihm. Die Mittel sind vorhanden. Und zwar reichlich.

Zum Auftrag:
Wenn ich mich in dem Wirt wiederfinde, stellt sich für mich weniger die Frage, wer denn nun die Priester und Leviten sind. Sie zu suchen und zu identifizieren führt rasch zu unangebrachter Selbstgerechtigkeit, so nach dem Motto: Gott, ich danke dir, dass ich nicht bin wie dieser Priester oder dieser Levit. Viel wichtiger ist die Frage, wo die sind, die mir anbefohlen wurden. Und da werde ich leicht fündig, in der unmittelbaren Nähe der Ortsgemeinschaft genauso wie in der weiten Ferne anderer Kontinente. Überall stoße ich auf sie, die unter die Räuber gefallenen Opfer.
Die in Österreich, die im atemberaubenden Tempo der allgemeinen Jagd nach immer mehr auf der Strecke bleiben. Die in den armen Ländern der Erde, mit deren korrupten Herrscher-Cliquen sich so gut Geschäfte machen lassen, von denen auch wir profitieren, wenn wir billige Kleidung und Elektronik kaufen. Die, auf deren Kosten wir leben, ob wir es wollen

oder nicht, ob wir es glauben oder nicht. Und die dann noch zu hören kriegen, sie seien an ihrem Elend selbst schuld.
Sie sind eben nicht selbst schuld. Natürlich geht keiner von uns persönlich in eine Arbeitslosen-Siedlung oder nach Afrika und reißt einem hungernden Kleinkind das letzte Stückchen Brot aus der Hand. Aber es gibt einen Zusammenhang zwischen unserem Wohlstand und der Armut anderer, sei es in Österreich oder weit weg. Und wenn wir dort helfend unsere Hände öffnen, passiert genau genommen nichts anderes, als dass wir unsere Schulden zurückzahlen. Auch wenn, rein rechnerisch, widersinniger Weise die Armen in der Schuldenfalle sitzen.
Der Auftrag ist klar. Die Opfer so zahlreich und verschieden, dass sie sicher nicht zu übersehen sind. Wer sich entscheidet, helfen zu wollen, kann leicht verzweifeln angesichts der Größe und Vielfalt des Elends. Ich allein kann nicht allen helfen. Aber ich kann einen Anfang machen. Wenn mir die Opfer vor die Türe gelegt werden, sei es durch persönliche Begegnung oder durch Medienberichte, weiß ich, was ich zu tun habe. Egal, ob ich mich entscheide, alle freien Mittel gebündelt in ein Projekt zu stecken oder ob ich nach dem Gießkannenprinzip immer gerade dort ein wenig einspringe, wo mir die Not am dringendsten erscheint – jeder Cent wird gebraucht. Und über jedem Cent stehen Gottes Verheißung und Segen. Gerade weil das, was ich tun kann, vielleicht nur ein Tropfen auf den heißen Stein ist, kommt es auf jeden Tropfen an.
„Pflege sein!“ - die Not ist groß und sie geht dich etwas an!

Und die Verheißung?
„So du was mehr wirst dartun, will ich dir´s bezahlen, wenn ich wiederkomme!“, steht in der Bibel.

Oder an anderer Stelle: „Selig sind, die da hungert und dürstet nach Gerechtigkeit, denn sie sollen satt werden. Selig sind die Barmherzigen, denn sie werden Barmherzigkeit erlangen“.
Oder: „Kommt her ihr Gesegneten meines Vaters, ererbet das Reich, das Euch bereitet ist. Denn ich bin hungrig gewesen und ihr habt mich gespeist. Ich bin durstig gewesen und ihr habt mich getränkt. Ich bin ein Fremdling gewesen und ihr habt mich beherbergt. Ich bin nackt gewesen und ihr habt mich bekleidet“.
Den Begriff vergebliche Liebesmüh kennt die Bibel nicht.
Christen können, so der amerikanische Gemeinde-Visionär Rick Warren augenzwinkernd, zwar auch nichts mitnehmen, wenn sie diese Welt verlassen. Aber sie können etwas vorausschicken, solange sie hier leben und handeln.

Und da geht es ans Eingemachte. Da erwischt mich der Text genau dort, wo es immer wieder schief gegangen ist in der Beziehung zwischen Gott und den Menschen, nämlich bei der Frage: Wem vertraue ich? Gott oder der Schlange? Gottes Verheißung oder meiner Tüchtigkeit, meinen Tricks und Machenschaften? Gottes Zusage oder meinem Geld? Gottes Möglichkeiten oder meinen stillen Reserven? Gottes Einladung zur Solidarität und zum Teilen oder den Einflüsterungen des schrankenlosen Wachstums?
Unter den Verheißungen der Bibel kann ich wirklich mit vollen Händen austeilen.
Einen sehr praktischen Tip zur Umsetzung dieses Gedankens fand ich in dem Buch „Mit Gott rechnen“ von Berit Hein. Die Autorin hat beobachtet, dass in Deutschland – und in Österreich wird es wohl ähnlich sein - viele Menschen jeden Monat aufs neue zuerst einmal recht ungeplant Geld ausgeben. Wenn dann noch etwas übrigbleibt, wird gespart, und erst

zum Schluss wird, was dann noch vorhanden ist, vielleicht gespendet. Mit dieser Vorgangsweise geben Menschen aber die Entscheidung darüber aus der Hand, wie viel sie wirklich hergeben. Sie sind in einem gewissen Sinn nicht mehr Herren und Herrinnen ihres Geldes. Und so empfiehlt Berit Hein, und ich habe das mit Erfolg ausprobiert, die Prioritäten umzukehren. Also zuallererst das auf die Seite zu legen, was man spenden möchte, dann das, was man sparen will, und zum Schluss mit dem auszukommen, was nach diesen Posten übrigbleibt. Damit lernt man mit der Zeit einen disziplinierten und zumindest ansatzweise bibelgerechten Umgang mit dem Geld. Das funktioniert hervorragend. Es ist erstaunlich und teilweise verblüffend, was sich dann alles ausgeht. In dieser Hinsicht bin ich sehr bei meinen Freunden aus der Adventgemeinde in die Schule gegangen, die ihren Zehnten mit aller Konsequenz entrichten, und tue das immer noch. Es geht nur darum, sich einmal darauf einzulassen. Die Erfahrungen, die man hier mit Gott machen kann, sind ganz praktisch und unmittelbar. So wird aus dem Experiment Gewohnheit und, so noch einmal Rick Warren: Die Summe unserer Gewohnheiten bildet unseren Charakter.

Das alles lässt sich natürlich nicht nur auf unser Geld anwenden, sondern auch auf alle anderen Güter, zum Beispiel auch – und das fällt mir persönlich besonders schwer - auf unsere Zeit. Übungsfelder gibt es genug. Gottes Segen wartet an jeder Ecke unseres Lebens.

So du was mehr wirst dartun, will ich dir´s bezahlen, wenn ich wiederkomme.

Wir sind einander einiges schuldig. Aber Jesus wird uns nichts schuldig bleiben. Er wird wiederkommen. Darauf können wir uns verlassen. Damit können wir leben.

Amen

Johannes 7,37-39

Sonntag Exaudi

7. Mai 2005

Ev. Kirche Wallern/Oberösterreich

Liebe Gemeinde!

Stellen Sie sich folgendes vor: Eine Straßenbaustelle im Süden der Vereinigten Staaten. Sagen wir: Im Bundesstaat Arizona. Der liegt etwa auf der Höhe von Marokko. Es ist ein glühend heißer Sommertag. Kurz nach Mittag. Was wir hier bei uns als richtig heißen Tag kennen ist im Vergleich zu dort ein lauer Abend. Die Hitze ist nicht nur zu spüren. Man kann sie auch sehen, hören, schmecken und riechen. Alles, was etwas weiter entfernt ist, verschwimmt in der flirrenden Luft. Sämtliche Geräusche erscheinen unnatürlich gedämpft und scharf zugleich. Die Schleimhäute in Mund und Nase fühlen sich an wie Schmirgelpapier. Die Kleidung klebt nicht mehr am Körper, weil sich der Schweiß mit dem Straßenstaub längst zu einer harten Kruste verbunden hat. Auch die gelegentlichen Windstöße bringen nicht die ersehnte Abkühlung, sondern wehen einem nur den Sand in die brennenden Augen.

Benommen und mechanisch arbeitet ein kleiner Trupp von Männern vor sich hin. Niemand kann sagen, wie spät es ist. Jeder Rest von Zeitgefühl ist längst verglüht.

Plötzlich hält einer von ihnen inne. Er richtet seinen Blick in die Ferne und beginnt zu phantasieren:

„Ich sehe sie vor mir", sagt er - „eine große Flasche eisgekühltes Mineralwasser. Sie ist so kalt, dass sich die Luftfeuchtigkeit an ihr

niederschlägt und in großen Tropfen langsam ihre Spuren zieht. Ich nehme sie in die Hand, spüre das kalte feuchte Glas auf meiner Haut." Nun unterbrechen auch die anderen ihre Arbeit und lauschen mit sehnsüchtigem Blick ihrem Kumpanen. Dieser gerät dadurch erst richtig in Fahrt und schließt genussvoll die Augen, ehe er fortfährt: „Jetzt öffne ich ganz langsam den Schraubverschluss. Die Kohlensäure beginnt in glitzernden Perlen aufzusteigen. Unter leisem Zischen bildet sich an der Verschlusskapsel ein feuchter Saum" – er schluckt mit dürrem Mund und schwärmt weiter: „Jetzt ist sie offen, ein wenig von dem prickelnden Wasser sprudelt über den Rand, den Rest gieße ich mir in ein großes Glas, halb gefüllt mit Eiswürfeln. Jetzt hebe ich es an meinen Mund. Ich spüre, wie erst meine Lippen abkühlen, dann meine Zunge, mein ganzer Mund. Und schließlich rinnt es eiskalt durch meine Kehle... aaaaah! Das tut gut!" Von seinen Zuhörern ist kein Muckser zu hören. „Na, was sagt ihr dazu?", fragt er nun und blickt grinsend in die Runde. Aber die Runde ist nicht mehr da. Seine Genossen sind wie vom Erdboden verschluckt. Erst als er sich genauer umblickt, sieht er in der Ferne einen Getränketransporter verschwinden, der in der Zwischenzeit vorbeigekommen ist. Seine Kollegen sind alle aufgesprungen, genießen jetzt den Fahrtwind und stillen ihren Durst. Mit Wasser. Mir richtigem Wasser. Und er, der Meistererzähler, bleibt in der Gluthitze allein zurück.
Diese Szene, die einige von Ihnen vielleicht noch in Erinnerung haben, entstammt zwar in ihren Grundzügen dem Werbespot eines Getränkeproduzenten, sie hat aber auch einiges mit unserem heutigen Predigttext zu tun.
Auf den Wüstenetappen unseres Lebens begegnen uns jede Menge Wasserverkäufer. Wenn wir einsam und ausgepowert sind, wenn uns Ängste und Schuld plagen, treten sie scharenweise an uns heran. Viele von ihnen haben die Augen geschlossen. Haben großartige Phantasien.

Haben Talent zu fesseln und zu begeistern. Nur eines haben sie nicht: Frisches, prickelndes, lebendiges Wasser. Wasser, das uns Kraft gibt, uns Mut macht, uns Freiheit schenkt und uns leben lässt. Bestenfalls bieten sie uns die trübe Suppe der Spaßgesellschaft. Oder die abgestandene Brühe vom schnellen Glück im schnellen Geld. „No risk, no fun“, tönt es da vollmundig und verantwortungslos, oder „Wer bremst, verliert“. Und Slogans wie „Geiz ist geil“ setzen der Dummheit die Krone auf. Jede Menge Sprüche bekommen wir serviert von den Götzendienern des Konsums und des ungebremsten Wachstums. Aber klares Wasser suchen wir bei ihnen vergeblich, trotz der enormen Preise, die sie bisweilen zu verlangen die Frechheit besitzen. Schlechte Nachrichten für Wüstenwanderer könnte man meinen. Anscheinend sind wir ja alle zum Verdursten verurteilt.

Aber bevor wir hier verzweifeln, erreicht uns unser Text: Lebendiges Wasser gibt es, und zwar gratis. Wasser, das für immer unser Verlangen nach Leben stillt. Wenn Jesus uns dieses Angebot macht, wenn er diese Einladung ausspricht, dann reicht das viel weiter als bis zum nächsten Durst. Dann ist nicht nur die Rede von jener chemischen Sustanz mit der Formel H_2O. Dann ist die Rede vom Heiligen Geist. Er führt und in die Gemeinschaft mit Gott. Er hält diese Verbindung aufrecht. Er tröstet uns, steht uns bei. Er gibt uns Halt und Orientierung. Er hilft, dass unser Leben zur vollen Entfaltung kommt. Er spielt in unserem Dasein die gleiche elementare Rolle wie Wasser. Nur mit einem wesentlich weiteren Horizont. Mit dem Horizont der Ewigkeit. An ein paar Beispielen möchte ich aufzeigen, was das heißt.

Wasser schafft Leben. Nicht umsonst suchen Astronomen, die nach Leben auf anderen Himmelskörpern Ausschau halten, zuerst nach

Wasser: Sie wissen, es ist unabdingbare Voraussetzung für alle Organismen. Ohne Wasser kein Leben. Ohne den Heiligen Geist keine Entfaltung, keine Erfüllung, kein Anteil an der Ewigkeit.

Wasser macht fruchtbar. Alle Bauern und Gärtner, die einmal erlebt haben, wie nach langer Dürre der erste Regen fällt, wissen das. Ein unterirdisches Wasservorkommen kann sogar mitten in der Wüste das üppigste Grün hervorbringen, es muss nicht einmal oberflächlich sichtbar sein. Fruchtbarkeit heißt aber auch: Kreise ziehen. Leben weitergeben. Wir sind in Gottes Wasserleitung kein blindes Endstück. Kein Gefäß, das einfach gefüllt wird und damit hat sich´s. Wir sind vielmehr gedacht als Verlängerung, als Verteilerstück oder als Sprühaufsatz. Damit dieses lebendige Wasser weiterfließt. Erfrischend und belebend. Erzählend, mitteilend, einladend. Und das ist bei Johannes keine Aufforderung, sondern eine Zusage. Es heißt ja nicht: Es SOLLEN Ströme lebendigen Wassers fließen, sondern es WERDEN Ströme lebendigen Wassers fließen. Ohne Wasser bleibt die Wüste Wüste. Ohne den Heiligen Geist bleibt Leben einsam und verfehlt sein Ziel.

Wasser erfrischt. Ich habe an zwei Punkten in der Apotheke (an meinem Arbeitsplatz) immer ein Glas Wasser stehen. Es ist gar nicht selbstverständlich, auch in den reichsten Ländern dieser Erde, dass man das Wasser aus der Leitung trinken kann. Oft vergesse ich, was für eine Kostbarkeit das ist, wie viel Lebensqualität darin steckt. Aber wenn Kraft und Konzentration nachlassen, genügt oft ein kleiner Schluck im Vorbeigehen, und ich fühle mich wieder fit. Ohne Spezialnahrung, ohne Tricks. Und wenn ich beim Sport einmal so richtig einbreche, dann liegt das immer daran, dass ich das Trinken vergessen habe. Ohne Wasser geht mir bald der sprichwörtliche Saft aus. Ohne den Heiligen Geist komme ich auf meinem Glaubensweg nicht weiter.

Wasser reinigt. Gerade im High-Tech-Bereich gelangt wieder vielfach klares Wasser ohne irgendwelche Chemikalien als Reinigungsmittel zum Einsatz. Es bedarf da keiner Zusätze, die würden den Erfolg nur gefährden.
Wasser setzt in Bewegung. Es kann riesige Kähne vorantreiben, Kraftwerksturbinen zum Rotieren bringen, Energie einsparen und bereitstellen.
Wasser trägt. Auch über schroffen Grund kann Wasser ein Boot oder einen Schwimmer sanft hinwegtragen, ohne Beschädigung oder Verletzung.
Der Heilige Geist hilft mir, dass sich meine Gedanken klären, dass ich neue Schritte wage und dass ich es mit Gefahren und Widerwärtigkeiten aufnehmen kann

Und zum Schluss: Wasser ist vielgestaltig. Der Heilige Geist lässt sich nicht auf eine Form oder einen Zustand festlegen. So wie Wasser als filigrane Schneeflocke oder als gewaltige Lawine, als melodisch plätscherndes Bächlein oder als mitreißender Strom, als steinharter unbeweglicher Eisblock oder als energiegeladener, alles sprengender Dampf daherkommen kann – Ihrer Phantasie werden sicher noch jede Menge weiterer Bilder einfallen – so kann der Heilige Geist in vielerlei Gestalt leben und wirken. Und immer ist es Er! Und immer ist er uns geschenkt.

Jesus, der selbst die Wüste kennt wie kein anderer, hat mit den vielen betrügerischen Wasserverkäufern nichts gemein. Er ist einzigartig. Er ist wahrhaftig. Er ist der Wasserverschenker. Er lädt uns ein, fordert uns auf:

Nicht phantasieren, sondern zugreifen!
Nicht träumen, sondern zugreifen!
Nicht schwärmen, sondern zugreifen!
Nicht diskutieren, sondern zugreifen!

Und ihr werdet weitergeben!

Amen

Wassergeschichte

(als hinführendes Anspiel vor der Predigt)

Ali! Ali! Ali! (als Wüsten-Nomade verkleidet auf von hinter dem Altar) Habt ihr Ali gesehen? Na, ihr wisst schon: Ali, der Reisende. Der, der immer wieder unser Wadi verlassen hat, um die Welt kennenzulernen. Ihr habt ihn nicht gesehen? Das ist dumm, sehr dumm, denn wir müssen ihn unbedingt finden. Er hat nämlich bei diesen vielen Reisen irgendwo seinen Verstand verloren, und ich fürchte, er könnte einen groben Unfug anrichten, wenn ich ihn nicht wieder in sein Zelt zurückbringe.

Warum sitzt ihr eigentlich so erwartungsvoll da? Ihr seht ja aus, als würdet ihr auf einen Geschichtenerzähler warten. Na ja, nachdem ich im Moment sowieso nicht weiß, wo ich weitersuchen soll, kann ich euch vielleicht eine Geschichte erzählen. Eine von seinen Geschichten, eine von Ali, dem Reisenden, dem Übergeschnappten.

Stellt euch vor, was der uns eines Tages berichtet hat:

In einem Land, das viele, viele Kamelritte von unserer großen Düne entfernt liegt, gibt es Menschen, die leben nicht in Stoffzelten! Sie brauchen nämlich nicht ständig dem Wasser hinterher zu ziehen, weil es in ihrem Land überall genug davon gibt! Diese Menschen leben in Zelten aus Stein, in denen an verschiedenen Stellen Löcher in den Wänden sind, aus denen man jederzeit - ich wiederhole: je-der-zeit - Wasser fließen lassen kann. Dort gibt es sogar soviel Wasser, dass man es zum Reinigen der mechanischen Kamele (ja, auch so etwas haben sie in diesem Wunderland!) verwendet. Soviel, dass manchmal ganze Landstriche darunter versinken, wie unter einer großen Wanderdüne. Und wenn es regnet, sagt man: Das Wetter ist schlecht!

Schlechtes Wetter! Wenn es regnet! Das Wasser sammelt sich dort manchmal in solchen Mengen und zu solcher Kraft, dass es Löcher in Berge schneiden kann. An anderen Orten gibt es Wasseransammlungen, so groß, dass kein Auge sie überblicken kann. Auf denen fahren die Menschen in eisernen Kästen umher, getragen vom Wasser – behauptet Ali - obwohl ich selbst einst auf einer Oase die Erfahrung machen musste, dass mein kostbarer eiserner Dolch, einmal in den Brunnen gefallen, für immer verloren war. Und zu bestimmten Zeiten im Jahr verwandelt sich das Wasser. Dann fällt es wie abertausend Sterne vom Himmel. Dann wird es ein wunderschöner Teppich. Strahlend weiß wie die von der Wüstensonne gebleichten Schleier unserer Frauen. Weich wie feinste Kamelwolle. Und kalt wie eine Wüstennacht. Und dort, wo sich sonst die großen Wasseransammlungen befinden, in denen manchmal Menschen ertrinken - stellt euch vor: er-trin-ken! An Wasser sterben! - dort wird das Wasser zu einem spiegelglatten Felsen, der so rutschig ist, dass man darauf nicht mehr normal gehen kann. Die Bewohner dieser Gebiete binden dann Säbel verkehrt herum an ihre Schuhe, auf denen sie zu ihrem großen Vergnügen herumlaufen und tanzen.

Das alles hat Ali der Verrückte uns erzählt, und jetzt wisst ihr auch, warum ich ihn unbedingt finden muss. Bei jemandem, der solche Geschichten erzählt, muss eine Schraube locker sein, und wer weiß, was er alles anstellt, wenn er ohne Aufsicht ist. Also dann: Ich wünsche euch noch einen schönen Tag. Lebt wohl!

(Ab hinter den Altar) Ali! Ali! Ali!...

Co-Autor: Willi Platzer

Johannes 9,1-7
Freie Textwahl, entspricht nicht der Perikope
14. Februar 1999
Ev. Kirche Wallern/Oberösterreich

Liebe Gemeinde!

Da erkrankt eine junge Frau, Mutter von zwei Kindern, plötzlich an Krebs. Sofort werden medizinische Maßnahmen ergriffen. Erst eine Operation, dann Chemo- und schließlich Strahlentherapie. Aber nichts zeigt Wirkung. Die Krankheit schreitet rapide voran, die Patientin stirbt ein halbes Jahr später unter entsetzlichen Schmerzen. Beim Begräbnis wird die Geschichte besprochen und ein paar ganz Fromme kommen zu dem Schluss, dass die Frau deshalb gestorben sei, ganz klar, weil sie nicht genug oder nicht richtig gebetet habe.
Da erleidet ein Landwirt einen schweren Unfall. Beim Bearbeiten eines steilen Stückes Land kippt sein Traktor um und begräbt ihn unter sich. Ergebnis: Querschnittlähmung. Während sich der Unglückliche mühsam durch die Rehabilitation quält, analysiert die Nachbarschaft das Geschehen: Logische Konsequenz seines eigenbrötlerischen Leichtsinns sei das. Man habe das ja schon immer kommen sehen und ihn gewarnt.

Da kommt ein Mensch blind zur Welt. Er hat in der Umgebung, in der er lebt, nie die Möglichkeit, einen Beruf zu erlernen, und so muss er als Bettler sein Dasein fristen. Aber sein Nicht-sehen-können schärft die anderen Sinne und so entgeht ihm nicht, was hinter seinem Rücken getuschelt wird: Das sei nun die Strafe Gottes für das beleidigende

Verhalten, das sein Vater gegenüber der Dorfgemeinschaft an den Tag gelegt habe. Und er selbst sei sicher auch nicht viel besser. Das habe schon alles seine Richtigkeit. So hört er die Leute reden, und seine geübten Ohren lassen ihn auch die Gruppe von Fremden wahrnehmen, die vorübergeht und mit Eifer seinen Fall diskutiert - wer hat da so gesündigt, dass einer zur Strafe blind geboren wird?

Wer hat gesündigt - die Frage scheint nicht ganz unberechtigt, gibt es doch mehr als genug ausschließlich von Menschen verursachtes Leid. Aber diese Frage birgt auch eine große Gefahr, denn sie lenkt den Blick in die falsche Richtung, weg vom Leidenden, weg vom Leid.
Leid stört. Es will nicht so recht passen in unsere Welt der scheinbar perfekt funktionierenden Abläufe. Es ist Sand im Getriebe, es irritiert, macht ohnmächtig, verängstigt. Leid ver-stört. Und es verleitet dazu, dass wir es beiseite schieben. Da es mit dem völligen Ignorieren nicht so recht klappen will, versuchen wir es mit schnellen, allzu schnellen Antworten.

Nicht genug gebetet, heißt es dann. So, als käme es darauf an, Gott nur gebührend auf die Nerven zu gehen, damit sich unsere Sehnsüchte schließlich erfüllen.
Nicht richtig gebetet, heißt es dann. So, als wäre Gott ein schikanöser Beamte, der uns unser Antragsformular nur allzu gerne mit dem Vermerk „Formfehler, kann nicht bearbeitet werden“ zurückschickt.
Durch Leichtsinn selbst verursacht, heißt es dann. So, als wäre alles, was geschieht, bis ins kleinste Detail plan- und berechenbar.
Von Gott als Strafe bekommen, heißt es dann. Zynischer Weise unter Berufung auf die Bibel, in der es an einer Stelle auch tatsächlich heißt: Wenn sich jemand von mir abwendet, bestrafe ich dafür auch seine

Kinder, sogar noch seine Enkel und Urenkel. Dabei fällt freilich unter den Tisch, dass die betreffende Bibelstelle folgendermaßen weitergeht: Wenn mich aber jemand liebt und meine Gebote befolgt, dann werde ich ihm und seinen Nachkommen Liebe und Treue erweisen über Tausende von Generationen hin. Diesem Text des Ersten Testaments geht es also nicht darum, Gottes Strafwut zu betonen, sondern gerade im Gegenteil, seinen viel größeren Willen zu Segnung und Wohltat. Und wenn es auch bei Jesu Zeitgenossen weit verbreitet war, Krankheit und Sünde in einem ursächlichen Zusammenhang zu sehen: Er bricht mit dieser üblen Gewohnheit. Er sieht nicht die Missetat des Leidenden, sondern seine Bedürftigkeit. Er holt ihn heraus aus seiner Isolation und unterläuft damit in den Augen der selbstgerechten Superfrommen Gottes Strafmaßnahme. Er pfuscht quasi in den Lauf von Gottes Gerechtigkeit hinein und zieht sich damit unweigerlich den Hass der geistlichen Führungsschicht zu (wohin das schließlich führte, wissen wir ja alle). Spätestens seit dem Auftreten Jesu ist klar, dass eine so oberflächliche Zuordnung von Leid zu Sünde nicht stimmt. Wenn das heute noch so gesehen und geäußert wird, ist das schlicht und einfach unrichtig, unbiblisch. Wie so oft, wenn die Bibel zur Untermauerung menschlicher Meinung missbraucht wird, wird sie auch hier falsch oder unvollständig zitiert. Gott wird dann zum Instrument der eigenen Meinungsdurchsetzung degradiert und in infamer Weise verleumdet. Auch gegenüber AIDS-Kranken kommen ja aus christlichen Mündern immer wieder Kommentare, in denen sich eine gefährliche Unkenntnis der möglichen Infektionswege und ein dummer Richtgeist ein ekelhaftes Stelldichein geben.

Was bleibt, ist die Bereitschaft, fremdes Leid durch vorschnelle Antworten beiseite zu schieben, und die Frage, wo diese Bereitschaft in mir ihre Wurzeln hat.
Hat es unter Umständen etwas zu tun mit meiner von Angst vergifteten Gottesvorstellung, die sich den Schöpfer des Universums als schwarzen Pädagogen denkt? Als einen, der erst dann bereit ist, uns zuzuhören, wenn wir uns in korrekter und wohlformulierter Weise an ihn gewendet haben?
Kommt es eventuell daher, dass ich mit einem hart, aber gerecht und nachvollziehbar strafenden Gott leichter zurande komme, als mit einem, dessen Handeln meinen Verstand laufend überfordert?
Hängt es vielleicht mit meiner Furcht zusammen, selbst von Not betroffen zu werden und dem Wunsch, eben das auszuschließen, so nach dem Motto: Mir kann das nicht passieren, ich bin ja schließlich versichert und geimpft, gurte mich immer an, rauche nicht, steige nie allein auf einen Berg und so weiter?
Oder gibt es da möglicherweise eine Verbindung zu meinen eigenen Verletzungen? Fühle ich mich von jemandem ungerecht behandelt, gekränkt oder herabgesetzt, und tut es vielleicht deshalb nur zu gut, diesen Menschen am Boden zu sehen?

Was auch immer hinter dem Streben nach raschen Antworten steht, es lässt den Leidenden in seiner Not allein und hilft letzten Endes auch uns nicht weiter. Rache heilt keine Wunden, Leben bleibt zerbrechlich und ausgesetzt und ein verkorkstes Gottesbild kommt auch nicht in Ordnung durch scheinbare Bestätigungen. Wie gesagt, es gibt auch das selbstverschuldete, das hausgemachte Leid. Es gibt das Leid, das durch die beharrliche Missachtung von bekannten Naturgesetzen entsteht, wie etwa jenes Gesetzes, das besagt, ab welcher Geschwindigkeit ein bestimmtes Auto aus einer gegebenen Kurve fliegt. Es gibt auch das Leid derer, die die Folgen der bewusst begangenen Umweltsünden ihrer Vorfahren ausbaden müssen. Das steht aber, wenn uns ein leidender Mitmensch gegenübertritt, nicht zur Debatte. Von Interesse ist nicht, wie er in seine Situation hineingekommen ist, sondern wie er wieder herausfinden kann. Sonst wird es in unserer Umgebung noch kälter, als es ohnehin schon ist. Der Blinde bleibt der Außenseiter am Wegrand und die Jünger bleiben Gefangene ihrer engen Gedanken.

Aber, und dafür sei Gott gedankt, die Geschichte ist an dieser Stelle nicht zu Ende. Weil Jesus dabei ist, nimmt sie eine überraschende Wendung zum Guten für alle Beteiligten. Jesus handelt souverän. Er verweigert schlicht die Antwort auf das in die Vergangenheit gerichtete „Woher“ von Leid und wandelt es in ein nach vorne blickendes „Wozu“. Aus der Frage nach unserem Scheitern wird die Frage nach Gottes Möglichkeiten. Jesus redet nicht über den blinden Bettler, er redet mit ihm. Er geht nicht vorüber, er wendet sich ihm zu. Er berührt ihn, und das sogar an seiner wunden Stelle, im Zentrum seiner leidvollen Existenz. Und er bringt ihn auf den Weg zur Gesundung. Ohne langes Gebet, ohne formvollendete Bitte, ohne moralisierende Analyse seiner Vorgeschichte. Das ist die Art, in der Gott uns begegnen will. Und das ist auch die Art, in der wir einander begegnen können. Nicht in erster Linie um Gottes willen, sondern um unser selbst willen. Diese Geschichte ist Herausforderung und zugleich Ermutigung für unseren Umgang miteinander. Ein Wegweiser zum Aufbruch in ein besseres Zusammenleben. Die kleinen Halbwaisen aus der Einstiegsgeschichte brauchen vielleicht eine Einladung, mit einer anderen Familie in die Ferien zu fahren. Der verunglückte Bauer braucht vielleicht ein paar starke Hände, die am Hof mit anpacken. Der Blinde braucht jemanden, der ihm einen Weg aus seiner Misere weist, den er gehen kann. Der Weg zum Teich Siloah, dessen Name wie der Name Jesu „von Gott gesandt“ heißt und der vielleicht sogar für ihn steht, ist noch mühsam - aber was für ein Rückweg!

Und noch etwas fällt auf: Jesus tadelt die Jünger nicht. Er, der ganz schön grantig werden kann, wenn man Kinder aus seiner Nähe verjagt, er, der sogar richtig die Beherrschung verliert, wenn das Gotteshaus zum Jahrmarkt verkommt, er reagiert ausgesprochen sanft auf das eigentlich doch empörende Verhalten seiner Begleiter. Ich glaube, er spürt, dass da auch ihre eigenen ganz wunden Punkte liegen, die der Heilung weit mehr bedürfen als der strengen Zurechtweisung oder der kalten Bloßstellung. Mir scheint, es geht in dieser Geschichte im gleichen Maße um die scheinbar teilnahmslosen Zuseher wie um den Blinden selbst. Vielleicht geht es sogar mehr um ihre verzweifelten Gottesbeziehungen, um ihre Ängste, um ihre Narben, als um die Sehstörung des Bettlers am Wegrand.

Jesus berührt unsere schwachen Stellen. Aber nicht um zu quälen, sondern um zu heilen. Er legt seinen Finger auf unsere wunden Punkte. Aber nicht um hämisch und triumphierend zu rufen: Na siehst du, ich hab´s ja gleich gewusst, dass bei dir etwas faul ist. Sondern um uns dann in die Arme zu nehmen und zu sagen: Ich weiß, das tut weh. Ich kenne das. Aber ich liebe dich und will dich gesund machen.

Amen

Johannes 21,1-14

Sonntag Quasimodogeniti

3. April 2005

Ev. Kirche Wallern/Oberösterreich

Liebe Gemeinde!

Ich muss zugeben, der Text hat mich einigermaßen verblüfft. Da haben die Jünger nach der Katastrophe des Karfreitag den Jubel von Ostern erlebt. Erst den Bericht der ersten Apostelin, der Urzeugin Maria Magdalena, dann die persönliche Begegnung mit dem Auferstandenen in der verriegelten Wohnung und schließlich sogar die Begebenheit mit Thomas, der ihn leibhaftig berühren darf und überwältigt bekennen kann: Mein Herr und mein Gott!

Und nun sind sie wieder hier am See, bei ihrem früheren Geschäft!

„Ja seid ihr denn noch bei Verstand?“ – möchte ich ihnen zurufen. „Ihr habt doch nicht nur das leere Grab gesehen! Habt ihr denn keine Botschaft zu erzählen, habt ihr wirklich nichts besseres zu tun als zu fischen???“. Doch dann halte ich inne in meiner Schelte. Es ist so Unfassbares geschehen - ist es da nicht auch meine Reaktion, Halt im Gewohnten zu suchen, mich auf das zurückzuziehen, was ich kann? Und ist das nicht auch in Ordnung so?

Ich denke da an den Offizier, der dem blutigen Wahnsinn der Schützengräben nur dadurch standhalten kann, dass er sich jeden Morgen aufs peinlichste genau seiner Kleidung und seiner Rasur widmet.

Mir fällt da die Mutter ein, die nach dem Unfalltod ihres Kindes die Tage mit dem Putzen ihres Hauses zu überstehen hofft.
Oder der frisch Geschiedene, der in seinen Überstunden nicht den zusätzlichen Verdienst sucht, sondern ein wenig Halt im Chaos seiner Gefühle.

So auch die Jünger. Sie gehen also wieder an den See. Steigen in ihr Boot. Fahren aus, um Nahrung zu beschaffen. Und jetzt klappt nicht einmal mehr das. Mit leerem Netz kehren sie zurück. Eine neue Enttäuschung: Auch der frühere Alltag ist ihnen fremd geworden. Vielleicht werden sie als Ex-Aussteiger auch schief angeschaut von ihren Jetzt-Wieder-Kollegen. Nach der Auszeit ist es nicht so leicht, wieder Tritt zu fassen. Vielleicht haben sich die Lebensgewohnheiten der Fische verändert – man muss nicht unbedingt in der Computer-Branche tätig sein, um schnell weg zu sein von dem berühmten Fenster. Die im Gewohnten gesuchte Sicherheit will sich jedenfalls nicht einstellen.

Nur der Fremde am Ufer ist ihnen geheimnisvoll vertraut. Sie erkennen ihn nicht, so wenig wie Maria Magdalena, die ihn anfangs für den Gärtner hält. So wenig wie die Emmaus-Jünger, die ihm, dem unbekannten Weggefährten zuerst ihr ganzes Leid klagen und ihm dann ihre Gastfreundschaft schenken. Sie erkennen nicht, wer er ist. Aber er hat wohl eine bestimmte Autorität, eine gewisse Ausstrahlung. So folgen sie auch seinem nach allgemeinem Wissensstand unsinnigen Rat. Sie fahren noch einmal hinaus.

Und sie machen reiche Beute. 153 Fische – alle damals bekannten Arten haben sich in ihrem Netz gefangen. Später wird dieses Netz zum Symbol für die Kirche Jesu, in der jeder Platz hat und jede gebraucht wird. In der

Vielfalt und Buntheit den grauen Einheitsbrei beleben, die an der Verschiedenheit nicht zerreißt. Später werden sie wieder auf Jesu Befehl das Netz auswerfen. Er wird ihnen sagen, wann und wo, und das Ergebnis wird jede Logik zur Narrheit machen, alle Erwartungen übertreffen.

Petrus, der impulsive Gefühlsmensch, begreift zusammen mit Johannes als erster, wer da am Ufer steht. Er lässt die Fischerei wieder hinter sich, ist abermals als erster bei Jesus. Die anderen kümmern sich um das Boot und um ihre Beute. Als sie zurückkommen, ist das Frühstück fertig. Auch ohne ihren gewaltigen Fang. Ein wärmendes Feuer knistert einladend am Ufer

Es gibt Brot und Fisch. Nicht unbedingt das, was wir heute unter einem Wellness-Brunch verstehen, aber genau das Richtige nach einer harten, verlängerten Arbeitsnacht.

Es gibt Brot und Fisch. Erinnerungen werden wach. Fünf Brote, zwei Fische, 5000 satte Menschen und jede Menge Reste. Leben in Fülle. Und dann erkennen ihn alle. An seiner Fürsorglichkeit. An seinem liebevollen Umgang mit ihnen, den feigen Versagern. An seiner Aufmerksamkeit für die notwendigen Kleinigkeiten. Eine gewisse Scheu bleibt. Was aber überwiegt ist das Wohltuende seiner Gegenwart. Und kurze Zeit später wird Petrus, gestärkt vom Frühstück mit Ihm, den Auftrag bekommen: Weide meine Schafe. Und eine Geschichte wird in Gang kommen, die schließlich dazu führt, dass wir heute hier zusammen sind. Und niemand kann sagen, wo das noch hinführen wird.

Liebe Gemeinde, der heutige Text macht den Eindruck, als sei er vom Autor des Evangeliums nach dem ursprünglichen Ende des Berichtes angefügt worden. Der vorangehende Satz lautet ja: „... die hier aufgezeichneten Berichte wurden geschrieben, damit ihr glaubt, dass Jesus Christus der Sohn Gottes ist, und ihr durch den Glauben an ihn das ewige Leben habt“. Und das wirkt wie ein Schluss-Satz. Aber dann wollte Johannes wohl noch einmal zusammenfassend und unmissverständlich klar machen, was es mit diesem Jesus so auf sich hat. Diese Geschichte hat also für ihren Autor eine ganz besondere Bedeutung. Sie ist sozusagen die Quintessenz dessen, worüber zuvor berichtet wurde.

Für mich ist es viererlei, was Jesus an seinen Jüngern tut. Und viererlei tut er auch noch heute und an uns:

Erstens: Jesus begegnet uns in unserem Alltag. Es braucht dazu nicht die Ersteigung eines Achttausenders, nicht die Teilnahme an exklusiven Seminaren. Das finde ich sehr tröstlich, denn wer kann sich schon die Teilnahme an einer Everest-Expedition leisten, wer hat schon das nötige Kleingeld für einen Workshop beim aktuellen Super-Guru. Die Schwierigkeit liegt allerdings darin, Jesus zu erkennen. Vielleicht ist es der Kollege, der mich auf einmal freundlich grüßt, vielleicht der Partner, der so schöne aufmunternde Worte für mich findet, vielleicht mein Kind, das mir mit überschäumender Begeisterung von einem Schmetterling erzählt, den es in einem Buch gesehen hat, oder – etwas realistischer - von einem Dinosaurier?

Vielleicht ist es aber auch der nervige Kunde? Vielleicht der quengelnde Nachwuchs, der drängelnde Hintermann im Supermarkt oder der unfreundliche Kellner?

Ein wenig Aufmerksamkeit für meine ständigen Begegnungen kann jedenfalls nicht schaden, und mit Gastfreundschaft gegenüber Fremden liegt man nie daneben, wie die Emmaus-Geschichte zeigt. Jesus begegnet uns in unserem Alltag. Ich bete um offene Augen, dass ich das aufmerksamer, dankbarer und großzügiger wahrnehmen kann.

Zweitens: Jesus begegnet uns mit zärtlicher Fürsorglichkeit. In unserer Familie ist es üblich, dass immer einer für die anderen Frühstück macht. An manchen Wochentagen bin ich damit dran, an anderen meine Frau. Es tut so gut, noch ein wenig im Bett liegen bleiben und langsam in Fahrt kommen zu können, und dann ein liebevoll bestücktes Tablett ans Bett serviert zu bekommen. Wieviel Vertrautheit und Wärme liegt in diesem Vorgang. Genau das ist es, was Jesus für uns tut. Er kümmert sich darum, dass wir alles haben, was einen guten Start in den Tag ausmacht. Ein guter Tag beginnt eben weder mit der richtigen Zeitung noch mit einem sanierten Budget. Er beginnt mit einer Begegnung mit Jesus. Ich wünsche mir, dass ich das nicht vergesse.

Drittens: Jesus hilft uns in unserem Alltag. Jesus zieht sich nicht zurück, indem er sagt: Ich bin nur für deine Erlösung zuständig, deinen Alltag bestreite mal schön selbst. Nein, er will überall mit von der Partie sein. Unser Alltag ist ihm dabei nicht zu minder.
Ein Beispiel: Gerade kürzlich befand ich mich in der Lage, entweder die Unwahrheit sagen oder einen anderen Menschen bloßstellen zu müssen. Ich sah keine andere Möglichkeit. Ich musste auf eine gegebene Situation reagieren. Aber dieses Mal wagte ich es wirklich und sagte: Gott, ich will das nicht. Bitte hilf, dass mir etwas einfällt, wie ich in dieser Sache das Richtige sagen kann. Es fiel mir zwar nichts ein, aber die ganze Geschichte hat sich überraschend so bereinigt, dass ich dazu gar nichts sagen musste, weil das ursprünglich geschehene Missgeschick ohne Auswirkungen blieb.

Noch ein Beispiel: Mehr als einmal schon stand ich in der Apotheke hinten bei den Regalen, und hatte absolut keine Ahnung, wie ich meinem vorne wartenden Kunden bei seinem Anliegen helfen könnte. Und mehr als einmal wurde mein Gebet um eine gute Idee erhört. Oft mit einer ganz unkonventionellen Lösung, auf die ich ohne Hilfe nie gekommen wäre, aber immer zum Wohle der Betroffenen.
Jesus hilft uns in unserem Alltag. Es wäre schön, vergäße ich nicht trotz dieser Erfahrungen immer wieder, die Nähe und den Rat dessen zu suchen, der sie mir anbietet.

Viertens: Jesus hat etwas mit uns vor. Gerüstet mit diesen Erfahrungen sendet er uns aus. Die Erfahrungen, die wir mit Jesus machen, dienen nicht ausschließlich uns selbst und unseren Gefühlen. Sie weisen uns auf einen Sinn, der über uns selbst hinausgeht. Sie wollen uns befähigen und ermutigen, von ihnen zu sprechen. Andere dazu einzuladen, ähnliches zu erleben. Es ist selbstverständlich, dass wir es weitererzählen, wenn wir mit einem Reiseanbieter, einem Telefondienstleister oder einem Autohändler gute Erfahrungen machen. Warum ist das bei Gott so anders? Da geht es doch noch um viel mehr als um Urlaub. Kommunikation oder Mobilität. Ich bitte Gott um Mut und Schlagfertigkeit, um das berühmte „Gespür“, wann, wo, und wie es dran ist, von ihm zu sprechen, zu einem Leben mit ihm einzuladen. Dass unsere Wirtschaft wachsen muss, ist umstritten. Dass die Familie Gottes wachsen muss, ist es nicht.

Jesus begegnet uns in unserem Alltag.
Jesus begegnet uns mit zärtlicher Fürsorglichkeit.
Jesus hilft uns in unserem Alltag.
Jesus hat etwas mit uns vor.

In Jesus wird klar: Gott ist an unserer Seite, Gott ist auf unserer Seite! Und das war am Karfreitag nicht totzukriegen.

Amen

Apostelgeschichte 9,1-20

12. Sonntag nach Trinitatis

22. August 2010

Ev. Kirche Wallern/Oberösterreich

Liebe Gemeinde!

Erinnern Sie sich noch an den letzten Präsidentschaftswahlkampf in den Vereinigten Staaten von Amerika? Da gab es einen Slogan, der mir bis heute in Erinnerung ist. „Yes, we can", lautete er, „Ja, wir können", und es war ein guter Slogan. Zum einen, weil ich ihn bis heute nicht vergessen habe, zum anderen, weil er Menschen aufruft, die Initiative zu ergreifen, Verantwortung zu übernehmen. Weil er ihnen sagt, dass nicht immer andere zuständig sind für das eigene Wohlergehen.

Doch die Gültigkeit dieses Slogans hat auch ihre Grenzen. Wir können eben nicht alles. Oft stoßen wir an die Grenzen unserer Möglichkeiten. Wenn uns die Wendungen des Lebens zu Boden werfen. Wenn wir nicht mehr sehen, wie es weitergehen soll. Wenn wir nicht einmal die täglichen Bedürfnisse befriedigen können. Wenn wir so hilflos sind, dass uns andere bei der Hand nehmen und führen müssen. Wenn wir Menschen gegenübertreten müssen, denen wir misstrauen oder vor denen wir uns fürchten.

Für mich als Christ ist damit aber noch nicht alles aus. Ich kann für mich den Slogan ummünzen, weiterführen und sagen: Da ist einer, der den Durchblick hat und der seine Geschichte mit mir zum Ziel bringt. Wenn das „Yes WE can" längst verstummt ist, bleibt, wenn schon nicht als strahlendes Licht, so doch zumindest als Silberstreifen am Horizont das

„Yes HE can“, die Aussicht, die Hoffnung darauf, dass Gottes Möglichkeiten noch nicht erschöpft sind.

Eine solche Situation beschreibt der heutige Predigttext. Er erzählt, wie Gott in das Leben von Menschen eingreift und dabei Wege eröffnet, die keiner noch so kühnen Phantasie zugänglich waren. Interessanterweise enthält Gottes Handeln dabei immer wieder die gleichen Elemente, die ich nicht nur in verschiedensten biblischen Geschichten, sondern andeutungsweise auch im Leben heutiger Menschen und in meinem eigenen Leben entdecken durfte. Fünf dieser Elemente möchte ich in dieser Predigt herausgreifen und skizzieren.

Erstens: Gott identifiziert sich mit seinem Volk bzw. seiner Gemeinde.
Die Stimme, die Saulus anspricht, sagt nicht: „Saul, was verfolgst du meine Gemeinde?“, sie sagt auch später nicht: „Ich bin Jesus, dessen Freunde du verfolgst“. Sie sagt: „Saul, was verfolgst du mich“ und: „Ich bin Jesus, den du verfolgst“. Das, was in der Geburt Jesu begonnen hat, ist mit seiner Rückkehr zum Vater nicht zu Ende. Gott identifiziert sich mit uns. Das heißt: Er steht ganz auf unserer Seite. Der „Ich bin da“, der Moses aus dem brennenden Dornbusch anspricht, spricht auch mich heute an. Er will eine lebendige Beziehung zu mir. Er geht mit mir durch alle Höhen und Tiefen, wie der beste Freund. Durch dick und dünn. Das haben wir natürlich alle schon oft gehört. Aber lassen wir uns das einmal so richtig auf der Zunge zergehen: Gott identifiziert sich mit uns! Er ist nicht eine ferne abstrakte Instanz, sondern der treue Begleiter auf meinem Weg, auf deinem Weg.
Kann der Schöpfer des Universums wirklich ein Interesse haben an mir, einem „Nichts auf einem kosmischen Staubkorn“?
Ja, er kann. Yes, he can!

Zweitens: Die Begegnung mit Gott kann einen Menschen in einen völlig neuen Lebenszusammenhang stellen.
Dem jungen hochgebildeten Gelehrten und leidenschaftlichen Kämpfer für seinen Glauben passiert etwas, das seine Erwartungen und Pläne völlig über den Haufen wirft. Es hebt ihn buchstäblich aus dem Sattel, haut ihn im wahrsten Sinne des Wortes vom Hocker. Es zwingt ihn, alles zu hinterfragen, was ihm bisher richtig schien und stellt ihn wie beim „Mensch ärgere dich nicht“ zurück an den Start. Nur dass er dadurch in dem großen Spiel nicht verliert, sondern unendlich viel dazugewinnt.
Und ich bin überzeugt: Auch heute noch kann Gott das Leben von Menschen völlig umkrempeln, und er tut es auch. Vielleicht nicht immer so spektakulär und plötzlich, aber doch meist sehr nachhaltig. Da werden auf einmal Dinge wichtig, die früher bedeutungslos waren und umgekehrt. Alte Sicherheiten zählen nicht mehr, Ziele werden ganz neu gesteckt.
Dabei ist die Begegnung mit Gott oft etwas sehr persönliches. Die Stimme hören die Begleiter das Saulus wohl auch, das alles überstrahlende Licht zu sehen bleibt ihm jedoch allein vorbehalten. Das sagt mir: Dieses Eingreifen Gottes hier gilt Saulus allein. Keine Massenabfertigung, sondern ein ganz individuelles Vorgehen. So wie es der oder die Betroffene braucht, maßgeschneidert, oder wie ein Freund von mir einmal sagte: Klientenzentriert. Milliarden von Menschen, und Gott hat für jede und jeden von uns Wege, ihm oder ihr zu begegnen. Und dem Leben eine neue, gute Richtung zu geben.
Kann Gott wirklich auch meinem verfahrenen Leben auf die Sprünge helfen?
Ja, er kann. Yes, he can!

Drittens: Gott will Menschen gebrauchen, um seine Geschichte zu schreiben.

Allzu oft erwarten wir von Gottes Eingreifen in die Geschichte etwas nicht Alltägliches, wenn möglich Übernatürliches. In den biblischen Geschichten lesen wir aber ganz andere Dinge.

Ein Schafhirte führt die Israeliten in die Freiheit. Der kleinste und unerfahrenste von sieben Kandidaten wird als „Mann nach dem Herzen Gottes" ihr König. Unscheinbare Menschen stellen den von Gott geschickten Retter der Welt in Aussicht. Außenseiter und Unterschichtler werden Zeugen der Geburt des Messias. Gering geachtete Frauen und Fischer werden die ersten Verbreiter der wichtigsten Nachricht in der Geschichte der Menschheit.

Gott kann so auch dich und mich gebrauchen. Er sucht keine Supermänner und Überfrauen. Ganz im Gegenteil: Seine Kraft ist in den Schwachen mächtig, damit auch wirklich klar ist, wessen Macht da wirkt. Damit keine Missverständnisse aufkommen über den Schöpfer und Geber der guten Gaben.

Kann Gott wirklich mit so unvollkommenen Werkzeugen, wie wir es sind, etwas anfangen?

Ja, er kann. Yes, he can!

Viertens: Gott nimmt seine Mitarbeiter ernst.

Er lässt sie in seine Pläne blicken und er geht auf ihre Bedenken ein. So manche Eltern und so manche Führungskräfte sähen sich in ihrer Ehre gekränkt oder in ihrer Position angegriffen, wenn ein Kind oder ein Mitarbeiter auf eine Anordnung mit Vorbehalten oder Einwänden reagiert. Nicht so Gott. Den Einwand des Hananias: „Herr, ich habe von vielen gehört über diesen Mann, wie viel Übles er deinen Heiligen getan

hat zu Jerusalem“ nimmt er genauso wichtig wie den Einwand des Moses: „Siehe, sie werden mir nicht glauben…“.
Er reagiert auf die Sorgen seiner Mitarbeiter bis diese sich ihrem Auftrag gewachsen fühlen.
Gott will eben keinen blinden Gehorsam. Er will mündiges Reden und Handeln in seinem Auftrag und in seinem Namen. So wie er mit uns umgeht ist das kein Widerspruch.
Wir als Partner Gottes? Kann er das wirklich wollen?
Ja, er kann. Yes, he can!

Fünftens: Gott bereitet Begegnungen gut vor.
Gott schickt uns nicht in wegloses Land. Bei wichtigen Begegnungen hat er seine Hand im Spiel. Sei es bei dem Treffen zwischen Saulus und Hananias, sei es bei dem von Petrus mit dem Hauptmann Kornelius, das an späterer Stelle in der Apostelgeschichte überliefert ist.
Durch Gottes planvolle Vorbereitung ist es möglich, dass Hananias seine ganz eigene Bekehrung erfährt und dem gefürchteten und wahrscheinlich auch verhassten Pharisäer offen entgegentreten kann. Ihn berühren kann. Ihn ohne Vorbehalt annehmen und ansprechen kann: Lieber Bruder Saul.
Erst das öffnet Saulus die Augen. Erst daraufhin kann er die Dinge richtig sehen. Erst jetzt ist er in der Lage, sein Leben mit allem, was dazugehört wie Essen und Trinken wieder aufzunehmen. Und das unter ganz neuen, befreiten Vorzeichen.
So lohnt es sich, den kleinen Dingen des Lebens, den alltäglichen Begegnungen, unsere ganze Aufmerksamkeit zu schenken. Die kleinen Handlungen bewusst zu setzen, die kleinen Sätze bedachtsam zu sprechen. Ganz im Jetzt zu leben und darauf zu achten, was Gott für

Möglichkeiten eröffnet. So können sich Beziehungen auf eine Weise entwickeln und heil werden, die niemand für möglich gehalten hätte. Kann Gott wirklich alle Gräben überwinden, alle Mauern durchbrechen? Ja, er kann. Yes, he can!

Die Geschichte des Saulus ist, wie wir schon gesehen haben, keine Ausnahme, kein Einzelfall. Sie ist eher ein Prototyp, ein Paradebeispiel, gerade für spätere und viel spätere Generationen. Gott kann auch in nachbiblischen Zeiten Dinge ermöglichen, die einen sprachlos machen vor Staunen.
Wenn ein kleiner Mönch mit seiner hartnäckigen und verzweifelten Suche nach dem gnädigen Gott das ganze Establishment seiner Zeit ins Wanken und so das Licht der frohen Botschaft in dunkelster Zeit wieder zum Leuchten bringt, dann ist das nicht allein Menschenwerk und wir dürfen erkennen und bekennen: Yes, he can!
Wenn ein mittelloser und anfänglich weitgehend alleingelassener Pfarrer beginnt, Waisenkinder bei sich aufzunehmen und daraus ein riesiges Werk im Dienst der Nächstenliebe wird, das nun schon weit über 100 Jahre Bestand hat, dann steht dahinter nicht nur menschliche Leistung und es kommt eine Ahnung auf: Yes, he can!
Wenn aus einem stotternden 16-jährigen ein Schauspieler und Redner wird, der Hundertschaften in den Bann des Wortes ziehen und mit dem Evangelium in Berührung bringen kann, sehe ich es bestätigt: Yes, he can!

Noch eines ist mir wichtig: Bekehrung ist etwas, was von Gott ausgeht. Glaube ist keine Leistung, sondern ein Geschenk. Ein Geschenk, das in verschiedenen Verpackungen ausgeliefert wird. Da ist einmal die Bibel. Und da sind Menschen, die ihren Glauben einladend leben. Ich hatte beides von Anfang an um mich. Nichts, worauf ich mir etwas einbilden könnte, nichts, was ich vor Gott zu meinen Gunsten ins Treffen führen könnte. Aber sehr wohl etwas, was ich anderen zugänglich machen kann.

Martin Luther sagte: „Die Schrift will uns zum Glauben reizen“ und ich möchte diesem Gedanken hinzufügen „auch unser Leben als Christinnen und Christen soll Menschen zum Glauben reizen“. So wie die Urgemeinde, von der die heidnische Umgebung anerkennend feststellte: „Seht wie sie einander lieb haben“. So wie der Duft einer Bäckerei am frühen Morgen eine schier unwiderstehliche Anziehungskraft entwickelt, sollen wir durch unser Miteinander Menschen herbeilocken. Dabei werden wir immer wieder scheitern und den Eindruck haben, dass wir nichts bewegen. Aber wir wissen, dass Gott auch aus unseren unvollkommenen Bemühungen etwas machen kann und brauchen nicht zu verzagen. Gerade die kleinen Aufmerksamkeiten, die meinem Bekannten, Ihrer Nachbarin, das Gefühl, oder besser: die Gewissheit geben, ein lieber Bruder, eine liebe Schwester zu sein, können ihnen den Blick öffnen. Dass es ihnen wie Schuppen von den Augen fällt. Dass sie sich von Gott ansprechen lassen und ihren Weg weitergehen können im Vertrauen auf ihn und in der frohen Gewissheit: Auch wenn ich nicht mehr kann: Er kann. Yes, he can!

Amen

Römer 9,1-5; 10,1-4
10. Sonntag nach Trinitatis/Israel-Sonntag
20. August 2006
Ev. Kirchen Wallern und Gallspach/Oberösterreich

Liebe Gemeinde!

In den 1960er Jahren arbeitete mein Vater als Diakon in einer Gemeinde in Baden-Württemberg. Es war eine unruhige Zeit. Viele Themen wurden mit großer Leidenschaft diskutiert. Es galt, Positionen zu finden zwischen Vietnamkrieg und Friedensbewegung. Zwischen der Disziplin des Wiederaufbaus und den Aufbrüchen der Studentenrevolte. Zwischen Mondlandung und „Brot für die Welt". In diesem Umfeld war mein Vater unter anderem für die Jugendarbeit, aber auch für die Gestaltung von Gottesdiensten und Kinderkirche zuständig. Ich erinnere mich an die Begeisterung in der Jungschar, aus der sich ein großer Teil der jetzigen Presbyter rekrutiert. Ich erinnere mich an Kindergottesdienste, so lebendig, dass mir heute noch jedes Detail im Gedächtnis ist. Im Jahr 1970 übersiedelten wir dann nach Österreich.

Jahre später war mein Vater wieder einmal als Gast in dieser Gemeinde, um Unterstützer für die Arbeit der diakonischen Einrichtung zu gewinnen, für die er jetzt arbeitete. Nach dem Gottesdienst, bei dem er die Predigt hielt, kam eine ältere Dame auf ihn zu, schüttelte ihm begeistert die Hand und sagte: „Ich bin ja so froh, dass Sie jetzt doch noch zum rechten Glauben gefunden haben, ich habe so für Sie gebetet!"

Als mir diese Begebenheit zu Ohren kam, reagierte ich zunächst einmal mit einem Gefühl von Empörung und Belustigung. Empörung, weil sich diese Frau anmaßte, über die Rechtgläubigkeit anderer zu befinden. Belustigung, weil ich mich fragte, an welcher Formulierung oder Wortwahl sie wohl das Einschwenken meines Vaters auf den richtigen Kurs erkannt haben mag.
Später kamen aber zu Empörung und Belustigung noch zwei weitere Dinge hinzu, nämlich Betroffenheit und Respekt. Dieser Frau war es offensichtlich nicht gleichgültig, wenn Menschen aus ihrer Umgebung, wie sie es nannte, nicht zum rechten Glauben gefunden hatten. Und sie packte die Sache an, die sie belastete. Nicht, indem sie gegen meinen Vater intrigierte oder seine Arbeit erschwerte. Nicht, indem sie rechthaberisch und belehrend auf ihn einredete, sondern indem sie für ihn betete.

Und da muss ich mir die Frage gefallen lassen: Wie gehe ich damit um, dass so viele Menschen heute nicht oder ganz anders auf dem Weg des Glaubens sind? Ist es mir gleichgültig, wenn sich Jugendliche in die Abhängigkeit von okkulten Mächten begeben? Lässt es mich kalt, wenn unsere Welt in der „Mir hat keiner etwas geschenkt“-Mentalität versinkt, in der der Mensch zu seinem eigenen Schöpfer wird, hin- und hergeworfen zwischen Hartherzigkeit, Überheblichkeit und Verzweiflung? Was ist mit unseren Partnern, Kindern, Geschwistern, Freunden und Kollegen, was mit den Menschen aus dem öffentlichen Leben, die ganz klar sagen, dass sie mit Jesus nichts am Hut haben? Sind sie selber schuld? Ist ihr Schicksal mir egal, weil ich ja mein Schäfchen im Trockenen habe, und sie sich ohnehin nur richtig zu entscheiden bräuchten? Werde ich sie nicht in der Ewigkeit schmerzlich vermissen? Halte ich meinen Glauben vielleicht für meine eigene Leistung, die

andere nur erbringen müssten, um ebenfalls dabei zu sein? Vergesse ich dabei, dass ja auch mein Glaube nicht Folge einer klugen Entscheidung ist, sondern ganz und gar Geschenk?
Ich will mir in dieser Hinsicht ein Beispiel nehmen an der Dame aus dem Schwabenland. Ich will weniger belehren und mehr einladen und ich will das Wichtigste wieder in den Mittelpunkt rücken: Das Gebet für die Menschen, denen Gott scheinbar gleichgültig ist. Denn nichts vermag unsere Welt mehr zu heilen, als wenn Menschen der Liebe Gottes begegnen, die sich in Jesus gezeigt hat.

So weit so gut. Aber wie sieht es in diesem Spannungsfeld aus mit meinem Verhältnis zu Israel, Gottes nach wie vor auserwähltem Volk? Mache ich es mir auch so leicht, sie einfach als Christusmörder abzustempeln, obwohl mir doch die Bibel sagt, dass Jesus für meine Rettung und wegen meiner Sünden sterben musste? Rede auch ich mir ein, dass ich etwas Besseres bin, weil ich – ganz im Gegensatz zu Israel - Jesus richtig erkannt habe und ihm nachfolge?
Dabei finde ich mich doch immer wieder selbst unter den üblen Burschen der biblischen Berichte, besonders im Zusammenhang mit der Leidensgeschichte des Mannes aus Nazareth:
Allzu oft verkenne ich Jesus und verkürze ihn auf die Funktion eines Sozial-Reformers.
Allzu oft erwarte ich mir von ihm nur die Befreiung von allen möglichen Unannehmlichkeiten.
Allzu oft stimme ich ein in den Chor des Pöbels, der ohne eigene Meinungsbildung mitjohlt: „Ans Kreuz mit ihm!“
Allzu oft wasche ich meine Hände in Unschuld, wenn wieder einmal eine Schweinerei passiert, der entgegenzutreten ich zu feige bin.

Also: Nicht die Juden haben Jesus gekreuzigt, auch nicht die Römer, sondern ich, ich, ich! Paul Gerhardt bringt das auf den Punkt, wenn er schreibt:

Nun, was du, Herr, erduldet, ist alles meine Last;
Ich hab es selbst verschuldet, was du getragen hast.

Schau her, hier steh ich Armer, der Zorn verdienet hat.
Gib mir, o mein Erbarmer, den Anblick deiner Gnad.

Das ist ganz im Geiste des Apostels Paulus gedacht und gedichtet. Der weiß ganz genau, dass Jesus für ihn und wegen ihm den Weg ans Kreuz gegangen ist. Und er ist in seinem Ringen mit und um Israel fern von aller Schuldzuweisung, Überheblichkeit, Besserwisserei und Häme. Er geht den Weg der Fürbitte, und er geht ihn sehr weit. Er würde sogar das kostbarste hergeben, was er hat, nämlich seine eigene Verbindung zu Jesus, könnte er damit nur Israel und ihn zusammenbringen. Was Paulus dabei antreibt, ist eine Mischung aus Trauer, Sorge und Hoffnung - „große Traurigkeit und Schmerzen ohne Unterlass“ - wie er schreibt.
Trauer, denn es sind ja seine eigenen Landsleute, seine Glaubensbrüder, seine Studienkollegen und seine Freunde - Paulus nennt sie seine „Brüder und Stammverwandten nach dem Fleisch“ - denen Jesus fremd bleibt. Es ist so, wie wenn sich meine besten Freunde, mit denen ich am liebsten alles gemeinsam machen möchte, untereinander nicht vertragen würden.
Sorge, denn es geht ja doch um die Frage, ob die Freunde vor Gott bestehen werden können. Und die Karten dafür sind schlecht, wenn sie in dem bevorstehenden Gericht nicht bei Gottes Barmherzigkeit Zuflucht suchen, sondern in der eigenen Frömmigkeit und Rechtschaffenheit.

Hoffnung, denn das ganze Erste Testament ist ein einziger Beweis von Gottes unverbrüchlicher Treue zu seinem Volk. Welche Irrwege es auch immer geht, Gott bleibt an seiner Seite und lässt es nicht fallen. Unsere Jahreslosung von 2006, Israel beim Einzug ins gelobte Land zugesprochen, bringt das ja zum Ausdruck. Dort sagt Gott zu Josua und damit zu seinem ganzen Volk: „Siehe, ich lasse dich nicht fallen und ich verlasse dich nicht!“. Wie gut, dass das auch für das Gottesvolk Kirche gilt, denn der Irrwege waren hier ebenfalls wahrhaft genug und Gottes Treue wurde und wird auf so manche harte Probe gestellt.

Trauer, Sorge und Hoffnung: Paulus hat eine ganz besondere Beziehung, eine ganz besondere Liebe zu Israel. Das wird deutlich in seiner Anteilnahme am Geschick seines Volkes, und es wird deutlich, wenn er in der Folge auflistet, was dieses Volk in seinen Augen auszeichnet, nicht weil es so gut ist, sondern weil Gott so treu ist:
Ihnen gehört ja – wohlgemerkt, ihnen gehört, nicht ihnen gehörte: Die Kindschaft, die Herrlichkeit, der Bund, das Gesetz, der Gottesdienst, die Verheißungen, die Väter, der Christus. Sehen wir uns diesen Schatz Israels einmal genauer an:

Die Kindschaft. Kindschaft ist eine Tatsache und kein Titel. Sie kann nicht einfach aberkannt werden, schon gar nicht von Außenstehenden. Mein Sohn Lukas wird immer mein Kind bleiben. Das kann und will ich niemals in Frage stellen. Und ein Fremder kann das erst recht nicht, selbst wenn er es wollte.
Die Herrlichkeit. Das meint Gottes bleibende Gegenwart. Sichtbar seinerzeit in Feuerschein und Wolke während der Wüstenwanderung. Erkennbar heute allein an der Tatsache, dass es dieses Volk noch immer gibt, trotz allem, was ihm widerfahren ist.

Der Bund. Besser übersetzt: Die Bundesschlüsse. Immer wieder neu schließt Gott einen Bund mit seinem Volk und beweist damit ihm und der zusehenden Welt seine Geduld und Treue.

Das Gesetz. Gott hat seinem Volk in der Thora, den fünf Büchern Mose, seinen Willen bekannt gemacht. Als Leitfaden für ein gelingendes Leben. Als Vorgeschmack darauf, wie es in Gottes heiler Welt zugehen kann und wird.

Der Gottesdienst. Paulus erkennt den jüdischen Gottesdienst als den seinen an. Er stellt keinen Gegensatz her zwischen einem jüdischen und einem christlichen Gottesdienst. Er spielt die beiden nicht gegeneinander aus, sondern er sieht sich selbst als Jude, und er geht in die Synagogen, um zu einem Leben mit Jesus, dem Messias, einzuladen.

Die Verheißungen. Die Verheißungen, die wir als Christen mit Recht auf uns beziehen, gelten zuerst dem Volk Israel. Jesus selbst sagt zu der syrophönizischen Frau, die sich von ihm Hilfe erhofft in unerwarteter Schroffheit: „Es ist nicht recht, dass man den Kindern ihr Brot nehme und werfe es vor die Hunde!“. Erst die Schlagfertigkeit und Bescheidenheit der Bittstellerin öffnen den Weg für Jesu Heilswirken über die Grenzen des eigenen Volkes hinaus.

Die Väter. Die Geschichte Gottes mit den Menschen, sein Weg hinein in die beschädigte Welt, nimmt ihren Anfang mit dem Volk Israel, mit seinen Vätern und Müttern. Mit Gottes persönlichem Ansprechen von Menschen. Er hat diese Menschen ja nicht erwählt weil sie besser sind als andere. Somit ist diese Erwählung auch nicht in Frage gestellt durch deren Fehlverhalten. Die Erzväter Abraham, Isaak und Jakob sind alles andere als Helden, sie bringen mit ihrem Verhalten sogar immer wieder Unglück über unschuldige heidnische Fürsten, lesen Sie einmal im Buch Genesis nach. Diese Schwächen ändern aber nichts daran, dass Gott sich selbst und seinem Volk treu bleibt und seine Verheißungen erfüllt.

Und schließlich: Der Christus: Jesus ist Jude, das darf und will ich nicht vergessen.

Das Volk Israel hat eine lange und reiche Geschichte mit Gott. Wir Christen sind ihre jüngeren Adoptiv-Geschwister, Asylanten aus der gottesfernen Welt, die einbezogen werden in Gottes Geschichte mit der Menschheit, die in Israel ihren Anfang genommen hat. Wir sind der aufgepfropfte Zweig der von der viel älteren und tiefer gehenden Wurzel getragen und genährt wird. Das steht ganz klar in der Bibel. So steht es mir als Christ nicht an, gegenüber Israel eine gleichgültige oder gar ablehnende Haltung einzunehmen. Wir sind Kinder des selben Vaters.

Das alles sieht der Apostel, und umso schwerer tut er sich dabei, sich mit der Kluft abzufinden, die zwischen Israel und Jesus besteht. Er ringt um Israel und betet mit Leidenschaft für dieses sein geliebtes Volk. Nicht obwohl, sondern gerade weil es in Jesus nicht den erkannt hat, der er für Paulus und für uns heute ist.

In der Liebe zu seinem Volk ist der Apostel aber nicht blind. Er sieht und benennt sehr deutlich, wo Israel auf dem Holzweg ist: „Denn sie erkennen die Gerechtigkeit Gottes nicht, und trachten ihre eigene Gerechtigkeit aufzurichten."
Allerdings: Was Paulus hier in Israel betrauert, und an anderer Stelle auch durchaus scharf kritisiert, ist nicht eine Nation, sondern eine Haltung. Eine Haltung, die leider auch in christlichen Kreisen immer wieder zu finden ist, und die – vielleicht in raffiniert versteckter Form – versucht, vor Gott aus eigener Kraft und mit eigener Leistung gut dazustehen.

Und da ergeht wieder die Frage an mich: Was sind denn meine Motive dafür, wie ich meinen Glauben lebe?
Ist meine tägliche Bibellese die Folge meines Bedürfnisses nach Weisung und Trost, die ich mir von Gott aus diesem Buch erwarte? Oder ist es eine Pflicht, der ich halt nachkomme, weil man mir gesagt hat, das gehöre zum Leben als Christ dazu?
Sind meine Gebete Ausdruck einer Sehnsucht nach Nähe zu meinem besten Freund? Oder sind sie der Versuch, einen übermächtigen Herrscher gnädig zu stimmen?
Ist mein Engagement in der Gemeinde getrieben von der Liebe zu Gott und seinen geliebten Kindern? Oder ist es der mehr oder weniger bewusste Anlauf, die eine oder andere Scharte auszuwetzen?
Sind meine gelegentlichen Spenden Ausdruck der Dankbarkeit und des Vertrauens gegenüber meinem himmlischen Vater? Oder handelt es sich dabei um einen plumpen Bestechungsversuch oder um eine Äußerung meines schlechten Gewissens?
Tue ich bestimmte Dinge, weil ich weiß, dass Jesus bei Gott schon alles für mich erreicht hat? Oder vielleicht doch, weil ich mir einbilde, damit bei Gott etwas erreichen zu können, erreichen zu müssen?
Halte ich vielleicht die Tatsache, dass ich an Jesus glaube, für meinen eigenen Verdienst?
Ich muss erkennen: Die Kritik des Paulus an der Haltung seiner Landsleute gilt bei genauer Betrachtung in vieler Hinsicht mir.

Und mir wird klar: Ich sitze mit Israel in einem Boot.
Es ist der gleiche Gott, an den wir glauben und zu dem wir beten.
Es ist das gleiche Buch, in dem wir seinen Willen für uns und für die Welt suchen.

Es ist die gleiche Schuld, die uns von ihm als der Quelle unseres Lebens trennt.
Es ist das gleiche Angewiesensein auf Vergebung, das uns auf die Suche bringt nach einem gnädigen Gott.
Es ist die gleiche Hoffnung auf einen Frieden, den nur Gott schaffen kann, und den zu schaffen er versprochen hat.

Darum will ich mit Paulus einstimmen in das Gebet für Israel, ich will dieses Gebet erweitern auf alle, die in Jesus noch nicht ihren Retter und den Retter der Welt erkannt haben.
Ich will mir die Sehnsucht des Apostels aneignen, dass alle, gerade auch Israel, gerettet werden.
Ich will mir den Spiegel, den Paulus seinem Volk vorhält, auch selbst vorhalten lassen, damit ich entdecke, wo ich Gefahr laufe, mich vor Gott aus eigener Kraft rechtfertigen zu wollen.
Und ich will nicht vergessen, wie sehr meine Geschichte mit der von Israel verquickt ist.

Möglich, dass sich unsere Hoffnungen in der gleichen Person erfüllen. Denn so habe ich es einmal gelesen: Wenn unser Heiland wiederkommt und wenn der ersehnte Messias des Volkes Israel endlich, endlich erscheint: Dann könnte es sein, dass er das selbe Antlitz trägt.

Amen

Einleitung zum Gottesdienst am Israel-Sonntag

Guten Morgen!
Ich begrüße Sie ganz herzlich zu diesem Gottesdienst am 10. Sonntag nach Trinitatis.

Heute ist Israel-Sonntag.
In diesen Tagen erinnert sich Israel an die zweimalige Zerstörung des Tempels in Jerusalem: Im Jahr 587 vor Christus durch die Babylonier und im Jahr 70 unserer Zeitrechnung durch die Römer. Viele Juden begehen diesen Gedenk- und Trauertag nicht ohne ein gerüttelt Maß an Selbstkritik.

Heute ist Israel Sonntag.
An diesem Tag erinnern sich evangelische Christen daran, was sie mit Israel verbindet.
Menschen früherer Generationen zu beurteilen steht mir nicht zu.
Tagespolitische Ereignisse kommentieren kann und will ich an dieser Stelle nicht. Zu wenig gesicherte Informationen habe ich über die Vorgänge auf beiden Seiten des Konfliktes. Zu viel Respekt habe ich vor dem Schmerz und der Verzweiflung, die auf beiden Seiten Völker dazu treiben, wie ein verletztes und in die Enge getriebenes Tier um sich zu schlagen.
Thema heute wird sein, wie sich Paulus zu Israel stellt, und was uns das heute sagen kann.
Was hinter allem bleibt, ist die Hoffnung auf Frieden. Auf jenen Frieden, der mehr ist, als nur das Schweigen der Waffen. Auf den Shalom, den nur Gott selbst schaffen kann und wird.

Und so feiern wir den heutigen Gottesdienst im Namen dieses Gottes, des Vaters und des Sohnes und des Heiligen Geistes.

Amen

Römer 13,11-12 (nach Hoffnung für alle)

1. Sonntag im Advent

29. November 2009

Ev. Kirche Wallern/Oberösterreich

Liebe Gemeinde!

Wieder ist er da, der erste Advent. Wieder beginnt sie, diese Zeit, die geradezu knistert vor Erwartungen. Diese Zeit mit ihrer vor-festlichen Betriebsamkeit.
Die Freude auf den Heiligen Abend bestimmt unsere Tage. Da gibt es auf einmal verbotene Schränke und Laden, geheime Fahrten in die Stadt, verstohlene Blicke, bedeutungsvolles Flüstern. Die Häuser sind erfüllt von Düften, die es zu keiner anderen Jahreszeit gibt und, obwohl es sich astronomisch gesehen um die dunkelsten Wochen handelt, sind sie erhellt vom Licht zahlreicher Kerzen, deren Schein bis in die Herzen hinein wärmt.

Ich finde es schön, dass wir diese Zeit jedes Jahr aufs Neue begehen - „Alle Jahre wieder“. Wie wohl die meisten von Ihnen, freue ich mich auf diese Tage, die trotz des allgemeinen Trubels so ganz besonders einladen zum Innehalten, zum Durchatmen, zur Besinnung – „Alle Jahre wieder“.

Und doch: Advent, wie ich ihn glaube, ist kein immer wiederkehrendes, kein sich stets wiederholendes Ereignis, sondern etwas ganz Einmaliges.

Advent, die Ankunft Gottes in unserer Welt, ist der rote Faden, der sich durch die Geschichte der Menschheit zieht und der sich durch die Geschichte jedes einzelnen ziehen, ihr Sinn und Ziel geben will.
Diesen Advent, dieses Ankommen, können wir in drei Schritten beschreiben.

Der erste Schritt fand am Beginn unserer Zeitrechnung statt.
Es ist das Geschehen, an das wir uns zu Weihnachten erinnern. Der wahre Grund aller Weihnachtsfreude, der viel mehr wiegt, als die großartigsten Geschenke, viel mehr bedeutet als eine Reihe von freien Tagen, so schön und wertvoll das alles auch ist.
Gott kam in diese Welt, um seine beschädigte Schöpfung zu heilen.
Wir in Wallern leben ja im großen und ganzen unter sehr guten Bedingungen, und so können wir uns leicht vor der Tatsache verschließen, dass diese Welt tatsächlich beschädigt ist, dass, wie Rilke es sagt „ein Riss durch ihre reifen Kreise" geht. Aber ein Blick in die ökologischen und ökonomischen Notstandsgebiete der Erde kann uns schnell eines besseren belehren. Wo Kinder wie die Fliegen an Hunger oder an banalen Infektionskrankheiten sterben, und wenn sie überleben, zu Soldaten abgerichtet werden, die mit allen Mitteln die Gewinnung der Rohmaterialien für unsere Zweit- und Dritthandys sicherstellen, wird sehr schnell klar, dass da einiges aus dem Ruder läuft. Und auch bei uns brauchen wir nicht lange am Lack des Wohlstandes zu kratzen, um auf das darunter verborgene Elend zu stoßen. Die vielen Packungen an Arzneimitteln gegen Angststörungen, Depressionen, Burnout und Stressfolgen, die täglich durch meine Hände gehen, sprechen eine deutliche Sprache und weisen klar darauf hin, auch wenn es sich nicht gehört, darüber zu sprechen. Unsere Welt ist weit davon entfernt, in Ordnung zu sein. Der schöne Brauch des Adventkranzes, der von

Sonntag zu Sonntag mehr Licht in unsere Wohnungen bringt, hat seinen Ursprung im „Rauen Haus“ in Hamburg, wo der evangelische Pfarrer Wichern für verwaiste und verwahrloste Jugendliche sorgte und ihnen ein zu Hause gab, eine Ausbildung ermöglichte. Er hat also ganz tief zu tun mit dem, was in unserer Welt nicht rund läuft.

Für mich als gläubigen Menschen hat ein großer Teil der Nöte ihre Wurzel darin, dass der Mensch die Verbindung zu Gott abgebrochen, seine Versorgungsleitung gekappt, sein Sicherungsseil durchtrennt hat. So trudeln Menschen haltlos durch ihr Leben, Völker orientierungslos durch ihre Geschichte.

Und in diesen Zustand hinein erklingt die frohe Botschaft: Gott hat seine beschädigte Welt nicht ent-sorgt, sondern um-sorgt. Er hat sich um sie gesorgt. Er hat die Verbindung zu uns, die unterbrochen war, die Verbindung, die wir aus eigener Kraft nicht reparieren konnten, selbst wieder hergestellt.

Er wurde Mensch. Er kam als kleines Kind, um zu versöhnen, was verfeindet ist, um ganz zu machen, was zerbrochen ist. Er kam nicht, um zu verurteilen, sondern um zu teilen. Nicht um sich dienen zu lassen, sondern um zu dienen. Er kommt nicht hoch zu Ross, wie wir es von den Großkopferten aller Zeiten gewohnt sind, sondern auf einem Esel, damit er uns in Augenhöhe begegnen kann. Er setzt sich selbst der Wehrlosigkeit aus, die uns oft so zu schaffen macht.

Uns sind diese Bilder vertraut, wir kennen sie vom Palmsonntag her, und sie scheinen uns nicht mehr so aufregend. Aber das muss man sich einmal in aller Deutlichkeit vor Augen halten: Der Schöpfer des Universums, der durch sein bloßes Wort ganze Galaxien aus dem Nichts hervorruft, lässt sich dazu herab, uns, mir, dir, Ihnen, in Augenhöhe zu begegnen. So wichtig sind wir ihm, so wertvoll sind wir, und das ganz unabhängig davon, was wir können, haben und leisten. Das gibt jedem

einzelnen, jeder einzelnen von uns eine Würde, die niemand in Frage stellen kann. Die niemand übertreffen, die niemand verlieren kann.
Das Leid ist damit noch nicht abgeschafft, aber wir sind darin nicht allein.
Gott selbst leidet mit uns. Gott ist auf unserer Seite. Gott geht an unserer Seite.
Gott ist unser Bruder geworden - wenn das kein Grund zur Freude ist!

Der zweite Schritt der Ankunft Gottes in der Welt wird sich am Ende aller Zeiten ereignen.
Dass unser Sonnensystem und mit ihm alles Leben auf der Erde ein Ablaufdatum hat, bestätigen uns ja die Astronomen.
Aber Gott hat zugesagt, dass am Ende nicht die Vernichtung stehen wird, sondern die Neuschöpfung.
Mich berührt immer die großartige Vision, die Johannes uns überliefert hat und in der er mit atemloser Sprache und großartigen Bildern versucht, zu beschreiben, wie es dann sein wird:

„Und ich sah einen neuen Himmel und eine neue Erde; denn der erste Himmel und die erste Erde vergingen und das Meer ist nicht mehr.
Und er wird bei ihnen wohnen und sie werden sein Volk sein, und er selbst, Gott, wird mit ihnen sein; und Gott wird abwischen alle Tränen von ihren Augen, und der Tod wird nicht mehr sein, noch Leid noch Geschrei noch Schmerz wird mehr sein; denn das Erste ist vergangen.
Und der auf dem Thron saß, sprach: Siehe, ich mache alles neu!"

Wenn mein Leben hier zu Ende geht, findet es dort nicht nur eine Fortsetzung, sondern seine Erfüllung, seine Heilung, seine Vollendung.
Das nimmt dem Tod nicht seinen Schrecken, dem Abschied nicht seinen

Schmerz. Aber es kann uns eine Perspektive eröffnen, die darüber hinaus blickt.

Noch sind die Kräfte der Zerstörung nicht endgültig gebannt, aber eine Bresche ist geschlagen, durch die die ersten Lichtstrahlen dringen und unser Leben erhellen können.

Noch ist Nacht. Die Zeit vor Sonnenaufgang ist die allerkälteste, aber sie ist auch die, die dem neuen Morgen am nächsten liegt. „Bald ist die Nacht vorüber und Gottes neuer Tag bricht an" steht im Predigttext. „Die Nacht ist vorgedrungen, der Tag ist nicht mehr fern", dichtete im Jahr 1938 Jochen Klepper, der vier Jahre später nach massiven Verfolgungen und Bedrohungen mit seiner jüdischen Frau und den gemeinsamen Kindern in den Tod ging. Die ersten Zeichen der Morgendämmerung, so zart sie auch sein mögen, sagen uns: Es wird ganz gewiss Tag.

So leben Christinnen und Christen in einer Haltung der frohen Erwartung. Wie lange es noch dauern wird, wissen wir nicht, und es ist auch völlig unerheblich.

Berechnungen für das Datum des Weltunterganges haben sich bis jetzt stets als falsch erwiesen und wurden auch gerne missverstanden oder missbraucht als Vorwand, sich aus der Verantwortung in der drängenden Gegenwart zu verabschieden.

Von meinem Glauben her habe ich dazu einen anderen Standpunkt. So lange diese Erde sich dreht, haben wir unsere Verantwortung wahrzunehmen. Unsere Arbeit zu tun.

Wie ein Handwerker, der weiß, dass er einmal zu einem großen Fest abgeholt werden soll. Er geht weiter seinem Tagewerk nach. Aber er trägt die Vorfreude in seinem Herzen, und ist bereit, sein Werkzeug aus der Hand zu legen, wenn es so weit ist. Aber eben nicht vorher.

Es ist ein Leben mit gepackten Koffern. Nicht gleichgültig gegenüber meiner Umgebung, aber bereit aufzubrechen, wenn es gefordert ist.

Oder wie Martin Luther es formuliert hat: „Und wenn morgen die Welt unterginge, würde ich doch heute ein Apfelbäumchen pflanzen."
Wir sind in diese Welt gestellt, um für sie Verantwortung zu tragen. Wir sind in diese Welt gestellt, um uns an ihr zu freuen. Die Schöpfung ist – in all ihrer Vergänglichkeit - so voll Schönheit, dass es mir manchmal die Sprache verschlägt. Die sich ständig wandelnden Wolkengemälde an einem Herbsttag im Hausruckviertel, der majestätische Großglockner an einem klaren Sommermorgen, der stürmische Atlantik an der irischen Nordwestküste – sie können mir in ihrer Schönheit den Atem nehmen. Ich denke, jede und jeder von Ihnen hat dazu eigene Bilder aus der Heimat oder von Reisen. Schöne Bilder. Großartige Bilder. Und doch sagt mir die Bibel: Wart´s ab. Wenn Jesus Christus wiederkommen, wenn Gott den neuen Himmel und die neue Erde erschaffen wird, ja, dann geht es erst richtig los.
Das Beste steht noch aus – wenn das kein Grund zur Freude ist!

„Das ist ja alles schön und gut", könnten wir nun sagen, „aber was hat das mit mir zu tun? Den ersten Schritt von Gottes Advent habe ich leider um etliche Jahrhunderte und ein paar tausend Kilometer verpasst, und wann der zweite stattfinden wird, steht nicht einmal in den Sternen."

An dieser Stelle möchte ich den dritten, meines Erachtens bedeutendsten Schritt von Gottes Advent ins Spiel bringen: Den Advent des gegenwärtigen Augenblicks.
Liebe Gemeinde: Gott möchte uns nicht als Menschheit nahe sein, auch nicht als Gemeinde, sondern jedem einzelnen von uns als Person. Das ist die große Einladung des Advents, dass Gott mir anbietet, mir ganz

persönlich zu begegnen, mich zu begleiten, zu ermutigen, zu korrigieren. Und Ihnen auch. Und dir auch.

Diese Einladung kann ich jederzeit annehmen. Und wenn ich sie in den Sorgen des Alltags vergessen habe, kann ich sie mir jederzeit aufs neue zusprechen lassen und ihr aufs neue folgen.

So ist Advent nicht eine Geschichte aus längst vergangenen Tagen und auch keine Musik aus ferner und ungewisser Zukunft. Advent geschieht hier und jetzt.

Hier und jetzt will Gott in mein angeknackstes Leben kommen, mich aufrichten, mir Halt geben, mich gebrauchen.

Hier und jetzt will er mir helfen, am wesentlichen nicht vorbeizuleben, mein Ziel nicht zu verfehlen.

Hier und jetzt will er mir zeigen, was gerade dran ist.

Hier und jetzt will er mir Hoffnung geben, was immer mich auch gerade bedrängt.

Hier und jetzt – und auch das gehört dazu – erhebt Gott Anspruch auf das, was er geschaffen hat.

Hier und jetzt darf ich jeden neuen Tag am Morgen aus seiner Hand nehmen und ihn am Abend in seine Hand zurücklegen, mit allem Gelingen, mit allem Scheitern.

Hier und jetzt will er mir ewiges Leben schenken, denn das Wort „ewig“ meint viel weniger eine endlose Dauer als eine ganz besondere Qualität. Eine Qualität, in der der Himmel die Erde berührt, weil Beziehungen funktionieren, gelingen – so hat es Pfarrer Hochmeir am letzten Sonntag treffend formuliert.

Hier und jetzt sagt er mir: Du bist gewollt. Du bist wertvoll. Du bist geliebt.

Und alle anderen auch. Keiner hat das Recht, deinen Wert in Frage zu stellen und auch du hast nicht das Recht, irgendeinem Menschen seinen Wert abzusprechen.
Das ist gemeint, mit der Aufforderung: „Liebt also euren Nächsten“ am Beginn unseres Predigttextes. Herzliche Gefühle kann man nicht auf Befehl entwickeln. Aber ich darf mich mit der Erkenntnis beschenken lassen, dass ich geliebt bin. Und dass die Liebe Gottes, die mir gilt, auch meinem Gegenüber gilt. Das wird unser Miteinander unter Garantie zum Guten verändern. Das wird Kreise ziehen. Da wird es warm und hell in unserem Land. Das hinterlässt Spuren in unseren Beziehungen, sei es zwischen einzelnen Menschen, sei es zwischen ganzen Völkern.

Die Worte von den „Waffen des Lichts“ mögen aufs erste Hören gewalttätig klingen. Aber wenn wir die Waffen des Lichts deuten als die Annahme von Gottes liebevoller Einladung, bekommt das ganze einen anderen Klang. Zwar geht es durchaus um einen täglichen Kampf. Aber die angesprochenen Waffen richten sich ja nicht gegen andere Menschen, sondern gegen das, was unser aller Leben vergiften will. Gegen Überheblichkeit und Rechthaberei, gegen Gleichgültigkeit, Hartherzigkeit, Gier und Geiz.

Jede zurückgehaltene böse Bemerkung, jedes stattdessen ausgesprochene freundliche Wort, jedes Zurückstecken einem anderen zuliebe, ist ein Sieg in diesem Kampf und trägt dazu bei, das Angesicht der Erde zu verwandeln. Ja genau, diese scheinbaren Kleinigkeiten sind es, auf die es ankommt, die sich so sehr lohnen.

Dass Gott als Kind in unser Leben tritt, kann den Eindruck erwecken, Advent sei eine harmlose Angelegenheit. Vor diesem Irrtum sei hier eindrücklich gewarnt. Wo es in meinem Leben Advent wird, kann es sein, dass kein Stein auf dem anderen bleibt, dass sich vieles ändert, dass Dinge in Bewegung geraten, von denen ich es nicht für möglich gehalten hätte. Da geht es beileibe nicht immer behaglich zu, aber ganz bestimmt spannend und abenteuerlich.

Wir sind eingeladen zu einem Leben in ganz neuer Qualität. Hier und jetzt. Es genügt, einfach zu sagen: „Ja, guter Gott, das will ich. Ich freue mich darauf, ich vertraue dir und ich danke dir!"
Wir sind eingeladen zu einem Fest, dessen Ursache lange zurück liegt und dessen Höhepunkt noch aussteht, das aber dennoch schon im Gange ist.
Eine Bekannte bat mich einmal, für sie zu beten. Sie selbst könne das nicht, meinte sie, bei ihr seien ohnehin Hopfen und Malz verloren.
Liebe Gemeinde, das ist die zentrale Botschaft des Advents, die zentrale Botschaft christlichen Glaubens überhaupt: Dass für Gott bei keinem, bei keiner Hopfen und Malz verloren sind! Wenn das kein Grund zur Freude ist!

Amen

Gedankensplitter

Weihnachten 1

Im Radio hieß es, zu Weihnachten habe Jesus von Nazareth das Licht der Welt erblickt. Ich erlaube mir eine kleine Korrektur: Zu Weihnachten hat die Welt das Licht des Jesus von Nazareth erblickt!

Weihnachten 2

Das Heil kommt eben nicht von den Gott gewordenen Menschen, sondern von dem Mensch gewordenen Gott.

Markus 2,1-12

Das ist der größte denkbare Freundschaftsdienst: Einen Menschen zu Jesus zu bringen, mit Jesus über ihn zu sprechen, mit ihm über Jesus zu sprechen.

Lukas 15,11-32

Wenn Gott Dinge zulässt, uns eigene Wege gehen lässt, bedeutet das nicht unbedingt, dass er sie gutheißt, sondern, dass er unsere Freiheit respektiert.

Anmaßung

Beim Abendmahl sind wir die Kellner, nicht die Gastgeber. Wie kommen wir also dazu, irgendjemanden auszuladen?

Würdigkeit

Unsere Würdigkeit, zum Abendmahl zu gehen, besteht eben gerade darin: Zu wissen, dass wir nicht würdig sind – und dennoch willkommen! (Es ist ja nicht eine Frage der Würdigkeit, sondern der Bedürftigkeit).

Klarstellung

Nur um Missverständnissen vorzubeugen: Wir sind nicht freigesprochen, sondern begnadigt.

Ostern

„Gott ist tot" – Nietzsche hat recht, aber nur am Karsamstag. Und morgen ist Ostern!

Gemeinschaft

Verbinden soll uns nicht das, was der eine oder andere – vielleicht – kann, sondern das, was wir alle miteinander – sicher – nicht können: Aus eigener Kraft vor Gott bestehen; und das daraus resultierende völlige Angewiesensein auf seine vergebende Liebe.

Liebe

Das Gegenteil von Konsum ist nicht Verzicht, sondern Hingabe.

Teamgeist

Es gibt nur eine Kirche, und in der sind alle Mitarbeiter(innen).

Fürbitte

Gott braucht nicht unsere Information über die Bedürftigkeit der oder des anderen; auch nicht den Anstoß durch uns, endlich tätig zu werden. Aber es tut unseren Beziehungen gut, wenn Er „im Bunde der Dritte" ist. Fürbitte ist Beziehungspflege.

Zynismus

Solange Entscheidungen, die aufgrund einer bestimmten Annahme getroffen werden, zum gewünschten Ergebnis führen, kann diese Annahme als richtig bezeichnet werden.

Wissenschaft

Es ist überhaupt kein Problem, die ganze Welt zu durchschauen – wenn man sie nur klein genug denkt.

Vorfreude

Wir befinden uns im Warteraum vor dem großen Festsaal. Noch ist das Tor verschlossen, aber schon dringt freundliches Licht durch den Türspalt, schon erfüllen verheißungsvolle Düfte die Luft, schon hören wir die ersten Klänge des stimmenden und probenden Orchesters. Und eines Tages werden sich die schweren Flügel öffnen…

Anstelle eines Nachwortes

Predigtlob

Werden wir als Verkündiger
nach einer Predigt gelobt,
sagt das noch gar nichts
über deren wahre Qualität.

Loben die Hörer nämlich
nur die Predigt,
dann war sie schlecht;
loben sie allerdings Gott
und vergessen
vor lauter Begeisterung
über das Evangelium,
unsere Predigt zu erwähnen,
dann war sie sehr gut.

Hans-Joachim Eckstein:
Du liebst mich – also bin ich: Gedanken, Gebete, Meditationen
9. Auflage
Neuhausen-Stuttgart
Hänssler, 1996

Printed by Books on Demand GmbH, Norderstedt / Germany